JN440120

아들과 떠난 유럽,

아들이 보인다

아들과 떠난 유럽,

아들이 보인다

이 상 정

꿈과 희망

초판 인쇄 2012년 10월 25일
초판1쇄 발행 2012년 10월 30일

저자 이상정
펴낸이 진성옥, 오광수
펴낸곳 도서출판 꿈과희망
출판등록 제1-3077호

서울시 용산구 갈월동 101-49
고려에이트리움 713호
전화 (02) 2681 · 2832
H. page www.dreamnhope.co.kr

잘못된 책은 바꿔 드립니다.

※ 책 값은 뒤표지에 있습니다.
ISBN 978-89-94648-31-6 03980

One's destination is never a place,
but a new way of seeing things.

여행자의 목적지는 결코 장소가 아니다, 단지 사물을 보는 새로운 방법이다.

- Henry Miller(헨리 밀러, 미국의 소설가) -

세계는 한 권의 책이며,
여행자들은 그 책의 한 페이지를
읽었을 뿐이다.

– 아우구스 티누스 –

Burgschenke
Burgsaal
Accès aux trains
A
B
A

여행은 인간을 겸손하게 만든다.
세상에서 인간이 차지하는 영역이
얼마나 작은 것인가를 깨닫게 해준다.

– 프리벨 –

버킷 리스트(bucket list)로 〈100개의 나라, 500개의 도시를 돌아보기〉를 정해놓은 지는 오래 전이다.

그간 배낭 여행으로 인도, 파키스탄, 중국 서안에 이르기까지 실크로드 여행을 했으며, 영국서 출발하여 로마로 나오는 여행도 이미 10여 년 전에 했었다.

형님을 만나기 위해 한 달간 미국을 누비고 돌아온 지 2년이 지났다. 이번에는 아들과 갈등 해소를 위해 유럽으로 무작정 떠났다.

낯선 곳에서 아들과 한 달을 함께 있으니, 비로소 아들이 보이기 시작했다. 물론 아들과 여행하다 보니 서로 불편한 점도 있었다.

내 일생 중에서 아들과 함께 여행했던 추억들을 이렇게 기록으로 남겨서라도 아들에게 의미있는 선물을 주고싶었다. 우리 가정뿐만 아니라, 요즘 부자간 갈등이 심한 가정들이 많다.

만약 그렇다면 〈과감하게 아들과 함께 여행을 떠나라〉고 권하고 싶다. 〈아들과 아버지〉가 누구의 도움도 받을 수 없는 먼 곳에서 둘이서 협동하며 여행하

는 것이 가장 좋은 해결책이 될 것이다.

필자도 이번 여행을 통해 아들과 마음의 거리를 좁히고 싶었다. 한 달간 여행하면서 허심탄회하게 대화를 나누고, 서로 하나의 인격체로 존중하다보니 조금씩 서로를 스스로 찾는 그런 시간이었다.

처음에는 설렘과 즐거움으로 시작했지만, 자꾸 시간이 흐르면서 갈등을 겪었다. 그 갈등이 고조되었지만, 정반합의 일치로 차츰 현실을 수긍하면서 그 갈등이 해소되었다.

여행의 출발은 일상의 탈출에서 시작된다지만, 그 과정은 진정한 자신을 찾아가는 길이기도 하다. 그러기에 여행은 우리의 인생살이와 곧잘 비유된다.

우리나라와 다른 세계의 문화를 이해하고 사색하면서 나를 찾은 여행이 되었기에 변변찮은 나의 경험이지만 독자들께 이 책을 바친다.

마지막으로 원고를 검토하면서 좋은 의견을 내준 고일영 원장님과 유종준 박사님, 무더위 속에서도 꼼꼼하게 편집하며 기획해 준 애플디자인 정영희 실장님께도 고마움의 말을 전한다.

2012년 가을, 이 상 정

설렘

갈등

고조

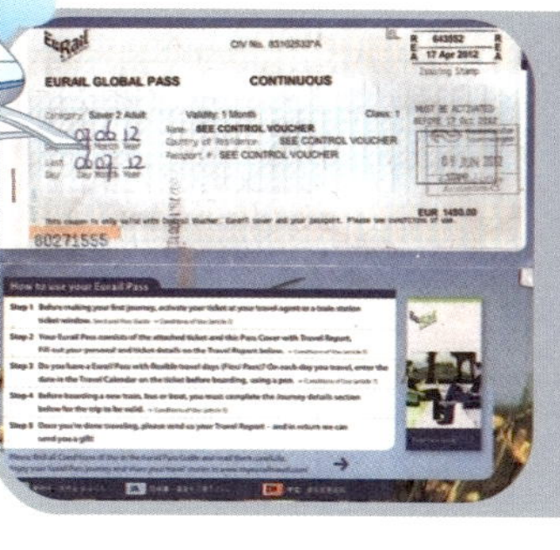
Eurail
EURAIL GLOBAL PASS
CONTINUOUS
SEE CONTROL VOUCHER
How to use your Eurail Pass

합의 일치

수 긍

대단원

BUS

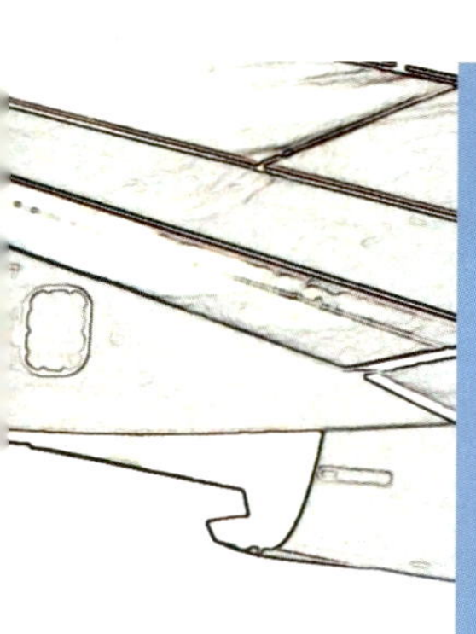

설렘

무려 열세 시간 반이나 하늘에 떠 있다가
6일 오후 18시 45분, 여행객들을 실고 온 비행기가 착륙한 곳은
네덜란드 국제공항 스히폴공항(schiphol)이다.

Amsterdam 암스테르담

출발 : 2012. 06 06(수) 인천공항 오후 14:30
도착 : 2012.06 06(수) 암스테르담 스히폴공항 오후 18:45
출발 : 2012.06 07(목) 암스테르담 중앙역 오전 07:46
숙박
6월 6일부터 9일까지 3박 4일
암스테르담 〈튜립 인 센터〉호텔 400 유로

6월 초순이다. 올해는 더위가 너무 일찍 찾아온 것 같다. 수원에서 리무진을 타고 설렘과 두려움으로 인천공항으로 가는 중이다. 마침 쉬는 날이라며 막내 여동생과 매제가 우리를 배웅하겠다고 터미널까지 나왔다. 우리는 인천공항에 도착하자마자 라운지에서 돌솥비빔밥으로 점심을 먹었다. 아들은 하루 9천원이면 데이터를 무제한 사용할 수 있다며 휴대폰 로밍센터를 찾았다.

오늘따라 배낭이 무겁게 느껴진다. 보딩패스(탑승권)를 자동화기계에서 발권했다. 자리가 창가엔 없어 중간 가운데쯤으로 택했다. 트랩을 타고 탑승하는 곳으로 이동했다. 110번 게이트에 도착해 커피와 딸기 스무디를 먹으며 아들과 잠시 이야기를 나누었다. 호주 간 이야기와 이제껏 다녀온 나라들을 헤아려 보니 꽤 많았다. 스무 군데가 넘었다.

카메라를 꺼내 KLM(네덜란드 항공)비행기를 배경으로 아들과 출발 인증샷부터 찍었다. 카운터에서 안내 방송이 나왔다. 아들과 내 이름이 호명되었다. 인포메이션데스크로 가 보딩패스를 교환했다. 다행히 우린 맨 마지막 자리 45열 A, B석 창가로 배정 받았다.

네덜란드 암스테르담으로 갈 비행기는 그리 크지 않았다. 핸섬한 스튜어드가 선반에 배낭 올리는 것을 도왔다. 비행기는 14시 30분에 이륙했다. 기내가 비좁아 혼잡하게 느껴졌다. 그러나 우리 자리는 끝이라서 내릴 때는 맨 먼저 뒷문을 이용하여 내릴 수 있다. 비행기의 고도는 일만 미터 이상이며 지금의 속도라면 제주도를 한 시간 내에 왕복할 수 있는 속력이다.

무려 열세 시간 반이나 하늘에 떠 있다가 6일 18시 45분, 여행객들

을 싣고 온 비행기가 착륙한 곳은 네덜란드 국제공항 스히폴공항이다.

"히어 리즈 암스테르담. (Here is Amsterdam.)"

기내에서 한끼는 한국식 비빔밥, 내릴 무렵 두 시간 전엔 현지식으로 먹었다, 아들은 식사를 남겼다. 아들은 내리자마자 흡연실부터 찾아 한 대 피웠다. 난 화장실을 다녀와 공항을 배경으로 사진 몇 장을 찍었다.

호텔바우처(숙박권)를 들고 택시 승차장을 찾아가 안내양에게 바우처를 내보이며 호텔까지 가는 비용이 어느 정도인지 물었더니 택시 기사에게 직접 알아보란다. 우린 택시를 타고 기사에게 호텔까지 가는 시간을 물었다. 이, 삼십 분 걸린다고 하였다.

택시 안에서 바깥 풍경을 카메라에 담았다. 호텔은 허름했다. 택시

요금을 팁까지 포함해서 50유로를 냈다. 호텔 프런트에 바우처를 내밀고 체크인했다. 키를 받고 404호 방을 찾았다. 〈튤립 인 센터〉 호텔은 오래된 건물이다. 엘리베이터는 0층부터 시작해 3층까지 운행, 3층에 내려 가파른 계단을 이용하였다. 빨간 양탄자가 깔렸다.

다락방에 짐을 풀고 잠시 암스테르담 중앙역으로 향했다. 풍광이 아름답다. 고풍스러운 집들과 운하에 정박한 버스배, 역을 향해 걸으면서 여러 장의 사진을 찍었다.

중앙역 인포메이션데스크로 가서 유레일패스 스탬프를 받는 곳을 물어 찾아갔다. 대기자가 많았다. C049번 번호표를 받았다. 차례가 되어 카운터로 갔다. 유레일과 예약 일정표를 작성한 것을 보이며 열차 좌석의 예약을 원한다고 했더니, 각 나라에 도착해 그때마다 예약하란다. 안내하는 중년의 여인은 스탬프를 찍고 시작과 마지막 날짜

를 기재하고 여권을 훑어보며 이름도 썼다. 내일 6월 7일부터 7월 6일까지 한 달 동안 탈 수 있는 패스가 되었다.

역을 나와 스낵에 들려 우리는 터키피자로 먹기로 했다. 콜라 두 캔과 한 판을 15유로에 샀다. 어찌나 큰지 먹다먹다 반 정도는 포장해서 숙소로 가져왔다.

밤 10시. 밖은 훤하다. 내일은 첫 유레일 패스를 사용하는 날이다. 그래서 벨기에부터 가기로 했다. 일정을 검토하고 일찍 잠을 청했다.

간단히 한숨 자고 일어나 보니 1시였다. 잠이 오지 않아 또 여정을 정리했다. 새벽 2시. 문자를 보내고 난 뒤 새벽 3시 반쯤 아내와 통화했다. 한국 시각으로는 7일 오전 10시쯤이다. 아내도 출근 준비로 분주했던 모양이다. 아내는 걱정하지 말고 좋은 데서 자고 좋은 것 먹으란다.

이곳 시각 새벽 3시 44분. 이번 여정을 통해 하나님의 임재하심과 인도하심을 새삼 느껴 볼 것을 기도한다. 그리고 아무런 사건 사고 없이 무사귀환할 수 있게 기도 드리고 다시 잠을 청했다.

02

Brussels 브뤼셀

도착 : 2012. 06.07(목) 브뤼셀 미디역 오전 10:42
출발 : 2012. 06.07(목) 브뤼셀 중앙역 오후 12:22
도착 : 2012. 06.07(목) 암스테르담 중앙역 오후 15:14
출발 : 2012. 06.08(금) 암스테르담 중앙역 오전 07:47
도착 : 2012. 06.08(금) 코흐잔다크 풍차마을 오전 08:07
출발 : 2012. 06.08(금) 코흐잔다크 풍차마을 오전 09:07
도착 : 2012. 06.08(금) 암스테르담 중앙역 오전 09:24
출발 : 2012. 06.08(금) 암스테르담 중앙역 오전 10:17

새벽 공기가 차다. 등이 시려 이불을 푹 덮었다. 초가을 날씨쯤 되는 이른 아침. 이곳 사람들은 긴 소매 두툼한 겨울 잠바 차림이지만, 여행객들은 대부분 간편 복장이다. 새벽녘. 한바탕 소나기가 지나갔다. 날이 흐리다.

서둘러 일어나 샤워를 하고 호텔 내부 구조를 살펴보았다. 마치 다락방처럼 생긴 가파르고 재미있는 호텔 계단이다.

아직 시차 적응이 안 되어 곤히 자는 아들이지만 깨웠다. 아들과 오늘의 일정에 대해 이야기했다. 낼 모레 독일 베를린 가는 첫 기차를 타려면, 아들은 3시간 이내에 이곳을 둘러보고 곧바로 프라하로 가잔다. 아주 좋은 생각이다.

아들과 아침밥을 먹기 전, 담 광장을 한바퀴 돌았다. 담 광장은 1270년경에 네덜란드의 암스텔강을 막아 조성했다.

왕궁과 신교회, 백화점과 호텔 등으로 둘러싸여 있다. 동쪽으로 솟아 있는 흰색의 오벨리스크는 제2차 세계대전의 전몰자 위령과 레지스탕스 운동을 기념하기 위해 1956년에 세운 탑이다.

왕궁은 스페인이 네덜란드연방공화국의 독립을 승인한 1648년 착공한 건물이다. 원래는 시청사로 세워졌지만, 프랑스 점령시대에 나폴레옹의 동생 루이 보나파르트가 왕궁으로 사용하였다.

6시, 이른 아침 공기는 차갑게 느껴졌다. 거리에는 여행객 서너 명이 큰 가방을 메고 서둘러 지나간다. 한산한 거리는 축축하고 서늘한 기운이 돌았다. 사람이 없는 거리, 운하 주변 난간에는 즐비하게 자전거가 서 있다. 바닷 갈매기 두 마리가 이상한 소리를 내며 운하다리, 자동차 위, 길거리로 다투며 날다 쉬다 뒤뚱뒤뚱 걷기도 한다. 조용한 거리의 멋있는 풍경들을 카메라에 담았다.

한바퀴 돌고 호텔로 돌아와 아침식사 시간을 물었다. 7시에 가능하단다. 10분전이라 방으로 올라가 짐을 챙겨 내려왔다. 레스토랑을 물어 찾아가 먹으려 하니 주방장이 호텔 투숙객 리스트를 가져와 체크를 하였다. 명단에 이름이 없었다. 순간 당황했다. 이러다 먹지도 못하고 나가야 하나, 호텔 키를 가져다 재차 확인 후 우린 아침밥을 먹을 수 있다. 토스트와 달걀, 오이, 토마토, 햄, 치즈, 빵 한 조각, 주스 한 잔으로 간단히 먹었다. 삶은 계란 네 개를 챙겼다. 어제 먹다 남은 터키피자도 비닐봉지에 함께 담았다. 아들이 옆에 없었다면 이것저것 과일도 잔뜩 점심대용으로 챙겨 담았을 것이다. 아들이 싫어하는 것 같아서 포장하지 않았다.

레스토랑을 빠져나오니 거리에는 출근하는 사람들이 삼삼오오 무리지어 역전으로 향했다. 자전거를 타는 사람들이 많았다. 역전은 분주했다. 아들과 나는 기차 시간 전광판을 쳐다보고 게이트를 확인하였다. 15번 b 라인엔 브뤼셀 가는 기차를 기다리는 사람들이 많았다.

기차가 출발 2~3분 전에 도착했다. 기차는 아침 7시 46분에 정확히 출발했다. 차장 밖으로 스쳐 지나가는 풍경이 아름다웠다. 녹색으로 덮인 벌판에 가끔 서 있는 풍차가 네덜란드임을 실감케 했다.

2시간 45분 걸려야 브뤼셀에 도착한다. 아들은 핸드폰으로 기차가 가는 라인을 찾아보면서 가끔 어디를 지난다고 말한다. 기차 역 주변 홍등가엔 아가씨들이 팬티 브래지어 차림으로 몸을 흔드는 모습이 보였다. 섹스 천국이라더니 아침부터 찾는 사람이 있는지 창밖 풍경에 놀랐다.

기차에서 풍광 좋은 곳을 몇 컷 찍었다. 열차 안 판매원이 니콘 카메라보다는 캐논이 좋다고 몸짓을 한다. 난 미네랄 워터를 3유로 주고 1병 샀다. 고혈압 약을 먹기 위해서였다.

우리는 몇 정거장 지나 달걀을 먹고, 아무래도 피자는 상했을 것 같아서 버렸다. 도착 2시간 전 승무원이 검표했다. 우리는 '유레일 패스'를 보여주며 여권을 제시했다. 난 열차의 번호를 물어보았다. 잘

알아듣게 또박또박 두 번 말해주었다. 좋은 여행되라면서 인사하는 그에게 나는 '땡큐'라고 응답했다.

기차는 정시에 브뤼셀 중앙역에 도착했다. 내리자마자 승무원에게 미디 역이냐 물었더니 다음 역이라 해서 다시 올라탔다. 우리는 한 정거장 더 가 내렸다. 그런데 오산이었다. 아까의 중앙역에 내려야 했었다. 기찻길 주변을 따라 중앙역 방향으로 걸어갔다. 주변 가게를 둘러보며 사진도 찍으며 명소가 모인 곳으로 찾아갔다. 어딘지 모르지만, 건물이 아름답고 사방이 경악을 금치 못할 정도로 멋있는 건물, 시청사, 브라반트 공작관, 초콜릿 박물관, 맥주 박물관 등 그랑플러스 광장엔 사진 찍는 사람이 많았다. 유명한 그랑플러스 광장 왕의 집 시청사 박물관들이 그곳에 모여 있다. 스페인의 이사벨 여왕과 위고, 보들

레르 등이 칭송했다는 아름다운 광장이다.

아들은 핸드폰으로 방향을 잡아 오줌싸게 동상을 찾아가서 사진을 찍었다. 카페 거리, 쇼핑 거리, 성 미셸 대성당 앞을 지나 어디가 어딘지를 모르며 사방팔방 돌아 중앙역으로 향했다. 중앙역은 독특한 외관이 인상적인 아르누보 양식의 건물이다. 역내 중앙의 벽에는 제1차, 제2차 세계대전 당시에 희생된 철도 관계자 3,012명을 기리는 기념비가 있다.

10시 반쯤 내려 주마간산 격으로 3시간 만에 브뤼셀을 눈에 담았다. 중앙역에서 게이트를 확인하고 5번 b 라인을 찾아갔다. 순간 아들이 안 보여 당황 하여 핸드폰으로 전화를 했다. 아들은 타기 전 또 담배를 피운다고 역 밖에 있었다. 출입구 쪽에서 아들을 만나 지하로 내려가 기차를 기다렸다. 묻지도 않고 열차에 올라탔다. 아들은 유럽열차가 정시에 오고 떠난다는 것을 알았다. 열차 판매원이 나를 보더니 바디 랭귀지로 빠르게 다녀오라는 표시를 했다. 12시 22분 암스테르담 가는 기차에 몸을 실었다.

우리는 콜라 한 캔과 헤이네켄 1캔, 말랑한 쿠키 1봉지를 7유로 주고 샀다. 먹고 우리가 모르고 보았던 건물이며 거리 명소를 안내책자를 통해 확인하였다. 볼 건 다 보았다. 오후 3시 반쯤 암스테르담 중앙역에 내려 성 니콜라스 교회와 눈물탑 쪽으로 향했다. 눈물의 탑은 1480년, 시의 방벽으로 건설된 요새다. 항해를 나가는 남자들을 배웅하는 여자들이 눈물을 흘렸다고 하는 데서 유래되었다고 한다. 1609년 이곳에서 여행을 떠난 헨리 허드슨이 뉴욕을 발견, 그래서 그의 업적을 기념하는 부조가 벽에 새겨져 있다.

점심은 무엇을 먹을까 고민하며 호텔 쪽으로 갔다. 중국 거리를 지나 홍등가를 걸어갔다. 쇼케이스 안 창녀들이 몸을 뒤틀며 섹시 춤을 추고 있다. 유리창에는 사진촬영 금지 스티커가 붙어 있었다. 아들 핸드폰 밧데리가 다 되어 호텔로 돌아와 교환하고, 다시 안네프랑크 집을 찾아가는 길에 결국 버거킹에 들러 햄버거로 점심을 하였다. 13유로로 한끼 먹었다. 안네 프랑크 집엔 입장하려는

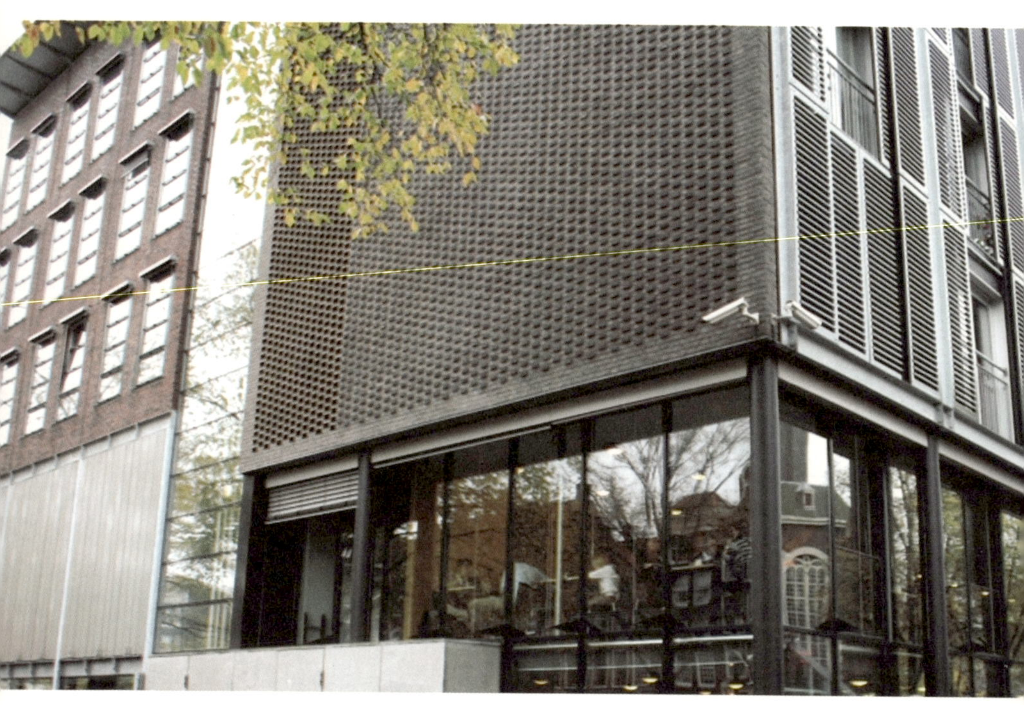

관광객들이 길게 줄을 서 있었다. 어른 둘이 18유로나 했다. 제2차 대전 독일이 유대인 학살, 숨어 지내며 썼던 안네의 일기, 주변 안네를 도왔던 인물들의 증언, 숨어 지냈던 곳의 좁다란 계단을 통해 오르내리며 생활했을 공간을 잘 꾸며 재현해냈다. 동영상을 통해 가는 곳마다 설명해 주었다. 영상을 통해 안네의 일기를 토대로 그때 그 시절 사진을 내보내고 있었다. 안네 프랑크의 집은 세계 2차 대전 때 유대인의 박해로 희생된 안네 프랑크가 숨어있던 집. 아버지가 경영하는 회사 다락방에서 2년간 숨어 살다가 결국 발각되어 강제수용소로 보내졌다. 아들은 관심이 없어 주마간산 하듯이 보며 지나갔다. 벽에는 안네의 일기 한 구절 한 구절 영어와 독일어, 프랑스어로 적혀 있었다. 안네의 일기는 수십 개의 외국어로 번역되었고, 이 집은 전쟁방지를 호소하는 박물관으로 공개되고 있다. 다락방으로 이어지는 좁은 계단과 숨긴 회전식 책장을 비롯한 세면대, 안네의 방에 남아 있는 사진, 별의 낙서 등등. 현장을 보면 가슴이 뭉클해진다. 안네의 일기를 영어책자로 사려했지만 참았다. 한국보다 비싸보였다.

관람 후 돌아오는 길에 빗방울이 떨어졌다. 호텔로 돌아와 로비에서 캔맥주와 콜라를 마셨다. 3유로 주었다. 방에 올라와 멕가이버 칼로, 예약표를 오렸다. 사탕과 커피를 마시고 비타민C를 먹고 책을 보다 잠이 들었다. 한국 시각 새벽 3시, 현지 시각 8시.

03

Zaan schans & Alkmaar 잔세스칸스와 알크마르

도착 : 2012. 06.08(금) 알크마르 치즈시장 오전 10:37
출발 : 2012. 06.08(금) 알크마르 치즈시장 오후 12:39
도착 : 2012. 06.08(금) 암스테르담 중앙역 오후 13:22
출발 : 2012. 06.09(토) 암스테르담 중앙역 오전 06:56

아들을 깨워 서둘러 아침밥을 먹고 암스테르담 중앙역으로 향했다. 기왕지사 네덜란드까지 왔는데, 풍차는 봐야 하지 않겠느냐 하는 아들의 의견에 나도 선뜻 동의한 것이다. 기차는 8시 7분에 코흐잔다크 역에 도착했다. 암스테르담에서 북쪽으로 15킬로미터 떨어져 있는 잔세스칸스로 갈 때는 코흐잔다크 역에서 내려서 걸어 가야 한다. 우리는 기차에서 내려 걸었다. 잔세스칸스는 기차역 이름이 아니고 '풍차 마을'의 마을 이름이다. 코흐잔다크 역에서 약 15분 정도 거리였다. 생각보다는 쉽게 찾을 수 있었다. 네덜란드의 상징이라 할 수 있는 아름다운 풍차 마을 잔세스칸스가 바로 눈앞에 펼쳐졌다. 초록빛 채색으로 단장된 모습이 많다. 모든 게 친환경적이라는 느낌이 들었다. 작은 운하를 건너 집으로 들어가는 곱사등 다리며, 집이랑 울타리들이 철근 콘크리트가 아닌 대부분 재료가 나무로 되어 있다. 다리 건너로 꽤 멀리 보이는데 풍차는 생각했던 것보다는 거대했다.

네덜란드에는 18세기에는 700여 대의 풍차가 있었는데 지금은 잔세스칸스 마을에 7대의 풍차만 관광용으로 남겨 두었다. 그 중 1대만 내부까지 관광용으로 유료로 공개한다고 한다.

네덜란드는 국토가 해면보다 낮다. 지금도 잔(Zaan) 강변에 늘어선 풍차는 물을 퍼내는 것 말고도 다양한 용도로 사용된다고 한다. 겨자를 빻거나 기름을 짜거나 칠감과 제재를 만들 때 쓰인다고 한다. 주변에 여러 가지 기구들을 늘어놓았다. 제재용으로 사용했다는 풍차의 윗부분에는 '1867 Poelenburg 1963'이라고 새겨져 있다.

근처에 맥주공장이 있는지 엿기름 발효 냄새가 풍겼다. 잔디밭과

전통 가옥들이 잔 강변으로 늘어서 있어 마치 한 폭의 그림 같은 배경이다. 잔 지방의 집들은 대부분 전통 목조 건물이다. 우리나라의 시골 전원주택처럼 아담하면서도 동화 속의 집처럼 아름답게 보였다. 그리고 운하의 나라답게 맑은 물이 도시 어디에나 흐르고 있다.

풍차가 있는 잔강의 건너편도 너무나 아름답다. 방목된 양과 소들

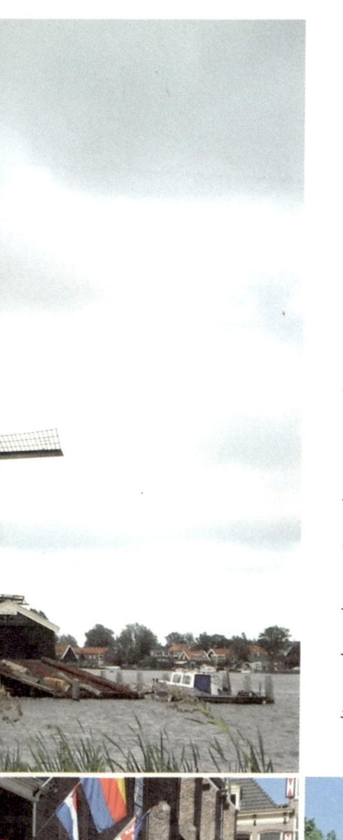

이 한가롭게 풀을 뜯는 하늘에 맞닿을 듯한 넓은 초원이 펼쳐져 있었다.

우리는 그곳에서 사진을 찍고 다시 암스테르담행 기차를 탔다. 9시 7분. 기차는 9시 34분에 암스테르담 중앙역에 닿았다. 타는 곳 7번 게이트에서 9시 56분 알크마르행 기차를 타고 10시 37분에 내렸다. 치즈시장이 열리는 바흐광장까지 15분 정도 걸어갔다. 알크마르의 명물인 치즈시장은 4월 중순부터 9월 초순까지 금요일 오전 10시부터 열린다. 하루 평균 30만kg의 치즈가 거래된다. 전통적인 방식에 따라 치즈를 거래하

고, 들것에 메고 다니는 상인들의 모습이 이색적이다. 치즈 계량소는 치즈와 특산품을 판매하고 있다. 계량소는 14세기 세워진 예배당을 1580년에 개조한 것이라고 한다. 1층에 있는 계량소와 치즈박물관에서 전통적인 치즈와 버터 제조법, 현대 치즈 산업에 관한 전시를 관람할 수 있다. 배 모양의 운반대와 계량 저울이 이색적이다.

성 로우렌스교회는 1470년부터 1516년에 걸쳐 세워진 브라반트 고딕 양식의

교회다. 16세기에 들어와서 르네상스 양식이 성(城)이나 귀족의 저택에 나타나기 시작하였다고 한다. 1620년부터 30년 사이에 고전주의 양식의 건축은 급변하여 30년 이후부터는 순수한 네덜란드 고전주의의 건축물이 세워지게 되었다. 야콥 반 캄펜이 헤이그에 세운 마우리츠호이스(현재 왕립미술관), 암스테르담의 시청(현재 왕궁) 등 네덜란드가 자랑하는 고전주의 양식의 건축들이 그 대표작이다. 성 로우렌스교회도 야콥 반 캄펜이 지었다고 한다. 1645년에 만들어진 오르간도 그곳에 있다.

우리는 고려대 교육학과 3학년 학생을 만나 정보를 교환했고, 동행하기로 했다. 교환 학생으로도 2년 동안 캐나다에 있다가 왔다는데 영어발음부터가 우리와는 달랐다. 서로 사진을 찍어주며 시장을 구경한 후 오렌지 주스 한 잔을 사주었다.

학생과 헤어지고 나서 우리는 고급 레스토랑에서 스테이크로 점심을 먹었다. 60유로를 주었고 먹다 남은 감자튀김을 싸왔다.

아들은 바람 불어 춥다며 70유로를 주고 웃옷을 사 입고 유로밀리언복권을 샀다. 12시 39분 기차로 다시 암스테르담 중앙역에 도착하니 13시 22분이다.

아들이 피곤하다며 먼저 숙소로 들어가고, 나는 중앙역 근처에 있는 성 박물관(Sex Museum)을 구경했다. 3층 건물인데 천천히 돌아도 30분이면 모두 관람할 수 있다. 입장료는 4유로였다. 마약, 성매매, 낙태, 안락사가 합법인 네덜란드의 이곳에서는 인간의 성에 대한 본능을 적나라하게 조금도 숨김없이 그대로 보여준다. 전시장에는 남녀의 성기, 성교 장면은 물론 사진이나 그림, 모형으로 적나라하게 표현되어 있으며, 사교계의 꽃이자 이중간첩이었던 요부(팜므파탈)의 대명사 마타하리가 보인다. 그녀는 암스테르담에서 태어났다. 극적인 삶을 살았던 그녀는 결국 프랑스 군인을 위험에 처하게 한 죄로 총살당한다. 중세시대 십자군이 부인들에게 채웠던 정조대, 마르린 몬로의 인형, 조각, 그림 사진뿐이다. 실망이다. 주로 여성 관람객이 대부분이다. 여성들은 신음에 흥미를 느끼는 것 같았다. 성교를 재연한 물건과 인형들 사진, 그림들이 즐비했다. 한바퀴 돌고 나왔다. 박물관에서 그리 멀지 않은 곳에 있는 홍등가가 있다. 진열장에서 짙은 화장을 한 여성이 지나가는 남성들을 유혹하다가 남성이 들어오면 커튼을 닫고 일을 한다고 한다.

거리는 사람들로 붐볐다. 맥줏집마다 사람들로 꽉찼고, 감자튀김 집엔 사려는 사람의 긴 행렬이

마치 옛날에 서울역에서 귀성객들이 표를 사기 위해 서 있는 것 같았다. 얼마나 맛있길래 그런지, 그렇담 감자튀김을 꼭 먹겠다는 마음에서 줄을 섰다. 두툼하게 썰은 감자를 튀겨 마요네즈를 찍어 먹는 감자, 손에 꼬깔콘 모양의 봉투에 담긴 감자를 먹으며 즐거워하는 모습을 사진으로 찍었다.

호텔로 돌아와 좀 쉬다가 4시쯤 거리로 나섰다. 가장 많이 붐비는 맥줏집에 들어가 500CC 헤이네켄 두 잔을 15유로 주고 시켰다. 시끄러운 음악에 서빙하는 아가씨들이 돌아다니며 섹시 춤을 추며 손님들 흥을 돋운다. 마이크를 잡고 손님과 탁자 위로 올라가 춤을 추며 즐거운 분위기를 연출한다.

병맥주로 각각 특이한 맛을 내는 노란색 맥주와 자몽 빛이 나는 맥주를 시켰다. 노란색은 오렌지 맛에 알코올 기가 적어 마시기 좋은 여성용 술, 연한 핑크빛 도는 맥주는 쌉쌀한 맛에 순한 알코올 기가 있다. 17유로를 주고 마셔보았다. 피부가 검고 탄

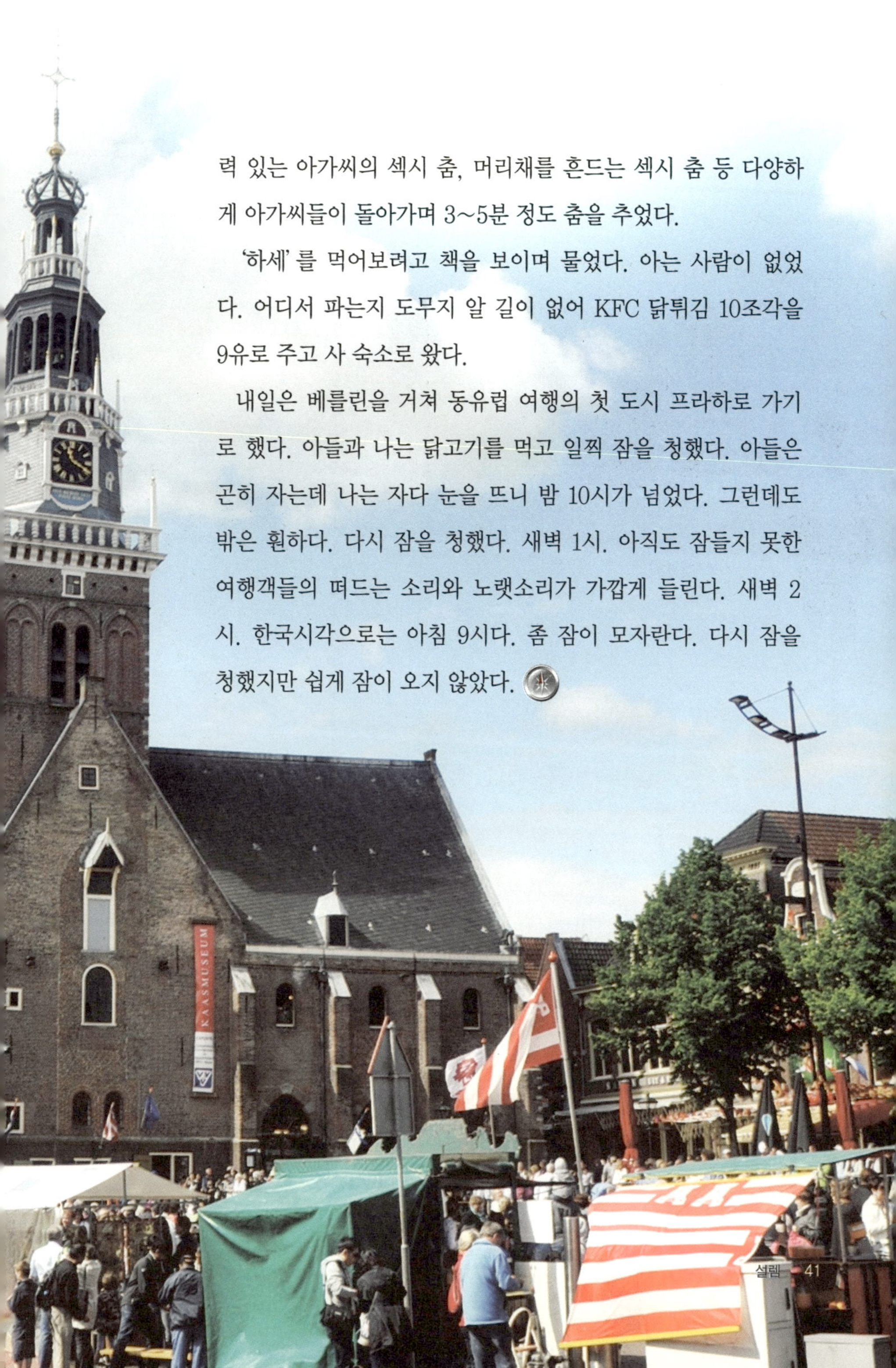

력 있는 아가씨의 섹시 춤, 머리채를 흔드는 섹시 춤 등 다양하게 아가씨들이 돌아가며 3~5분 정도 춤을 추었다.

'하세'를 먹어보려고 책을 보이며 물었다. 아는 사람이 없었다. 어디서 파는지 도무지 알 길이 없어 KFC 닭튀김 10조각을 9유로 주고 사 숙소로 왔다.

내일은 베를린을 거쳐 동유럽 여행의 첫 도시 프라하로 가기로 했다. 아들과 나는 닭고기를 먹고 일찍 잠을 청했다. 아들은 곤히 자는데 나는 자다 눈을 뜨니 밤 10시가 넘었다. 그런데도 밖은 훤하다. 다시 잠을 청했다. 새벽 1시. 아직도 잠들지 못한 여행객들의 떠드는 소리와 노랫소리가 가깝게 들린다. 새벽 2시. 한국시각으로는 아침 9시다. 좀 잠이 모자란다. 다시 잠을 청했지만 쉽게 잠이 오지 않았다.

04

Berlin 베를린

도착 : 2012. 06.09(토)베를린 초역 오후 13:19
출발 : 2012. 06.09(토)베를린 초역 오후 16:48

기상하니 새벽 4시 30분이다. 창밖에는 비가 내린다. 부슬비다. 간단하게 샤워를 하고 짐을 정리하며, 아들에게 홍차 한 잔을 타 주었다.

5시 30분. 우리는 암스테르담 중앙역으로 향했다. 거리에는 여행객들이 기차역으로 가고 있었다. 대합실에서 전광판을 살폈다. 그런데 베를린행은 보이지 않는다. 인포메이션데스크에 가서 물었다. 국제선은 반대편이라고 한다.

아들이 보이지 않아 전화를 해 본다. 아들은 벌써 반대편에 가서 전광판을 보며 내게 오라 손짓한다. 스타벅스에서 커피를 주문했다. 6.6유로. 따뜻한 커피 한잔씩 들고 플렛폼으로 나갔다. 마침 들어오는 기차를 타고, 비바 빌슈름에서 기차를 갈아탔다. 7시 21분. 베를린행 기차는 정시에 출발했다. 차창 밖은 바람이 몹시 불고 있다

아내와 통화를 했다. 아내는 경산엘 가고 있다고 한다. 자취를 시작한 딸의 원룸에 주방기구 등을 가져 가는 중이란다. 우리는 독일 베를린으로 간다고 알려 주었다. 아들이 기차에서 물, 콜라, 샌드위치를 사다 주어 간단하게 아침 식사를 했다. 12유로인데 비싼 편이다.

맞은편에 앉은 네덜란드인 나시바인과 이야기를 나눴다. 52세인 그녀는 아티스트였다. 베를린에 친구가 있는데 사업차 만나기 위해 간다고 했다. 그녀는 나에게 이름을 묻고, 인터넷 주소까지 알려 달라고 했다. 나는 그녀의 수첩에 또박또박 적어 주었다.

검표원이 일등석으로 옮겨갈 수 있다고 해서 아들에게 가보고 오라했더니, 마음에 썩 들었던 모양이다. 우리는 자리를 옮겼다. 아들은 너무 좋아했다. 방해를 받지 않고 다른 사람들의 시선을 피해 편안하고 안락한 것을 좋아 하는 아들이었다. 늘 머리에는 사업구상과 대출을 어떻게 받을 것인가 하는 생각뿐이었다. 일등석으로 옮겨와 소시지와 맥주를 9유로 주고 샀다. 함께 먹으며 차창 밖으로 스치고 지나치는 풍경을 말없이 바라보았다.

베를린 초역에 도착하니 오후 13시 19분이다. 초역은 현대식으로 웅장하다. 에스컬레이터를 타고 1층으로 내려갔다. 락커룸을 찾았다. 1번 라인에 1850번대 락커에 5유로를 넣었지만 코인만 삼켜버리고 작동이 되지 않는다. 6유로가 부족하다. 아들은 콜라를 사고 잔돈을 받아왔다. 내가 슈퍼를 찾아 에너자이 비타민 음료 2캔을 사고 6유로 코인을 요구했다. 점원은 동전이 필요하다고 하니 기꺼이 동전으로 거슬러주었다. 락커에 짐을 넣고 정문 쪽으로 걸었다.

토요일이라서 그런지 사람들이 붐볐다. 어디에서 축구응원 행사가 있는지 시끄러운 집단의 함성, 마이크 소리가 요란하다. 유람선을 타고 한가하게 관광하는 사람들도 많았다. 어디로 가는지는 모르지만 사람들이 몰려가고 있었다. 우리는 그 행렬을 따라갔다. 사람들이 멈춘 곳은 멋진 건물 앞이다. 사진을 찍고 갈 곳을 찾지 못해 돌아가려는 차에 아들은 저 멀리에 어렴풋이 보이는 승전 기념탑을 발견했다.

승전 기념탑은 1864년 덴마크, 1866년 오스트리아, 1871년 프랑스와 싸워 이긴 것을 기념하기 위해서 세운 탑이다.

우리는 탑이 보이는 방향으로 걸었다. 아들은 베를린 장벽을 보고 싶어 했다. 하지만 결국은 보지 못하고, 승전 기념탑에서 사진을 찍고 초 역으로 돌아가야 했다.

종종 걸음으로 초 역으로 돌아와 머핀 빵과 도우넛, 콜라를 18유로 주고 샀다. 화장실은 둘이서 1유로를 주고 이용했다. 빵으로 요기하고 질감이 질긴 껌을 1유로 20센트를 주고 샀다. 짐을 라커룸에서 찾아 프라하 가는 플랫폼을 찾아 갔다. 일등석 타는 자리를 찾아 줄을 섰다. 플랫폼에 들고 나가는 기차와 정거장을 떠나는 사람들과 오는 사람들로 붐볐다.

Berlin Hauptbahnhof
Abfall
Abfall
A BLIND SPOT

05

Praha 프라하

도착 : 2012. 06.09(토) 프라하 중앙역 오후 21:26
출발 : 2012. 06.11(월) 프라하 중앙역 오전 08:42

숙박
6월9일부터 11일까지 2박 3일
프라하 밥퍼 한인 민박 100유로

14시 47분. 프라하 가는 기차가 들어왔다. 차창 밖은 눈부시도록 초록빛 세상이다. 아들은 사자 두어 마리와 늑대, 임파라 몇 마리만 있으면 세렝게티 공원과 같다 했다.

기차는 프라하에 21시 26분에 도착했다. 어둠이 짙게 내려 방향감각을 잃었다. 프라하 중앙역을 빠져나와 어디로 갈지 헤매다가 연로한 할머니에게 길을 물었다. 친절하게 설명해주시는 할머니에게 지도를 보이며 위치를 확인했다. 다운타운 가는 길을 가리켜주며 자기를 따라오란다. 아들은 자기 나름대로 찾아 보겠다고 하면서 다른 곳으로 이동하였다. 아들에게 핸드폰으로 바츨라프 광장 큰 거리 쪽으로 오라하여 만났다.

우리는 민박집을 알아봐야 했다. 어두운 거리를 헤매다가 핸드폰 인터넷 검색으로 찾은 집이 밥퍼 민박이다. 화약탑 근처 팔라나 쇼핑 센터에서 민박집 주인을 만났다. 민박집 주인은 체코의 유명 맥주를 선보이며 따라주었다. 철문이 있는 5층 다락방 집이다. 창문이 있어 하늘이 빤히 보이는 그런 집, 민박집이었다.

숙소도 예약하지 않고 무작정 도착한 프라하. 이미 날은 저물고 어디로 가야할 지 헤매다가 길을 물었다. 큰 도로를 나오면서 혹시나 해서 25유로를 체코 돈으로 환전했다. 625코루나를 받았다.

어디가 어딘지도 모르고 헤매다 사람들이 모여 축구경기를 시청하며 열광적으로 응원하고 있는 광장에서 발걸음을 멈추었다.

얀 후스의 동상이 있는 광장에 들어서니 중심으로 한쪽에는 틴 성모교회, 다른 한쪽에는 천문시계탑이 있다. 광장의 중심부에 있는 얀 후스의 동상은 거대했다. 체코의 신학자이자 종교개혁자 얀 후스(Jan Hus, 1372년 ~ 1415년)는 교황 등 로마 가톨릭 교회 지도자들의 부패를 비판하다가 1411년 교황 요한 23세에 의해 교회로부터 파면 당했고, 콘스탄츠 공의회의 결정으로 1415년 7월 6일에 화형에 처했다.

후스가 처형된 후 그의 신학 사상과 뜻을 이어받은 개신교 공동체인 보헤미안 공동체가 형성되었다고 한다. 후대에 그를 추종하는 사람들이 동상을 세우려 하였으나 화형당할 때, 그의 얼굴이 그려진 모든 그림까지 태웠기 때문에 동상의 얼굴은 상상의 얼굴이라고 한다. 동상 받침대에는 그가 남긴 '진리를 사랑하고, 진리를 말하고, 진리를 향하라' 고 새겨져 있다.

밤거리는 관광객들로 북적거리고 현지인들은 관광객들이야 무엇을 하건 맥줏집에서 TV를 보며 소리를 지르고 합창도 하며 응원에 열중하고 있었다.

민박집 주인을 만나 들어간 도미토리 집은 4인이 이용할 수 있다는데 아늑했다. 새벽 4시 반에 일어나 샤워부터 했다. 출장길에 잠시 여행 왔다는 회사원의 안내로 아침을 먹기 전 블타바 강변 까렐교까지 걸어갔다 돌아왔다. 그는 점심 먹을 곳까지 알려주었다. 체코 전통 음식 꼴래뇨 돼지족발을 먹을 수 있는 식당과 프라하 주요 명소를 찾아가는 길을 앞장서 알려주었다.

환전하러 나갔다가 환전은 못하고 결국 내가 625코루나를 25유로로 교환해 주었다. 그는 밥을 먹고 우리에게 믹스 커피 한 잔씩 돌리고 공항으로 떠났다. 민박집 밥은 제육볶음, 고사리, 무말랭이, 김치, 미역국, 깻잎 등으로 정갈하게 차렸다. 두 그릇을 비우고 일어섰다. 양치하고 방세를 100유로 내고 내일까지 묵기로 했다. 4인용 방에서 3인용 방으로 옮겨 열쇠를 받고 민박집 주인은 문 잠그는 방법을 알려 주었다.

아들과 아침에 다녀왔던 길을 따라 프라하 성까지 걸어갔다. 화약탑을 지나자 비가 내리기 시작했다. 화약고로 사용되었다는 중세의 탑문을 15세기 후반, 웅장한 고딕문으로 고쳤다. 17세기 중반에 프라하가 러시아군에 포위되었을 때 탑은 화약고로 사용되었고, 1886년에 개통되어 화약탑으로 불리게 되었다고 한다.

다시 돌아가 우산을 가져 올까 하다 그냥 비를 맞아 보기로 했다. 구시가지 광장에 이르러 사진을 찍었다. 장치 시계를 중심으로 구시가지 광장에서 시계탑 서쪽으로 아름다운 건물들이 있었다. 구시청사의 장치 시계는 1410년에 만들어졌고, 1490년에 보수되었다고 한다. 아래의 둥근판은 구시대의 문장 주위를 별자리로 둘러쌌으며, 그 둘레는 12달을 보헤미안의 농민 생활로 표현한 그림이다. 청동상이 기초해서 만들어진 위의 시계는 연월일, 시간, 일출, 일몰, 월출, 월몰을 표시한다. 장치 시계 부분에서 해골은 죽음의 신, 악기를 가진 남자는 번뇌, 거울의 청년은 허영, 금자루를 쥔 남자는 욕심을 상징하고 있다고 한다.

여러 각도에서 사진을 찍고, 찍어 주었다. 처음에 보았던 구시가광장 중앙에 있는 얀 후스 군상과 18세기 중반에 로코코 양식으로 지어진 골스 킨스키 궁전, 2기의 첨탑 사이에 황금성, 성배를 녹여서 만든 마리아상이 있는 틴 성모 교회 등등. 30기의 성인상이 볼거리인 까렐교를 지나자 빗방울이 점점 굵어진다.

블타바 강에 놓인 가장 오래된 다리를 건너와 멕카페에 들려 커피 한잔하고 60코루나를 내고, 다시 프라하 성으로 걸어 올라갔다. 프라하 성 앞 흐라트치나 광장에 이르렀을 때 빗줄기가 점점 더 굵어지기 시작했다.

프라하 성은 하나의 도시며 요새였다. 9세기에 보르지보이 왕이 건

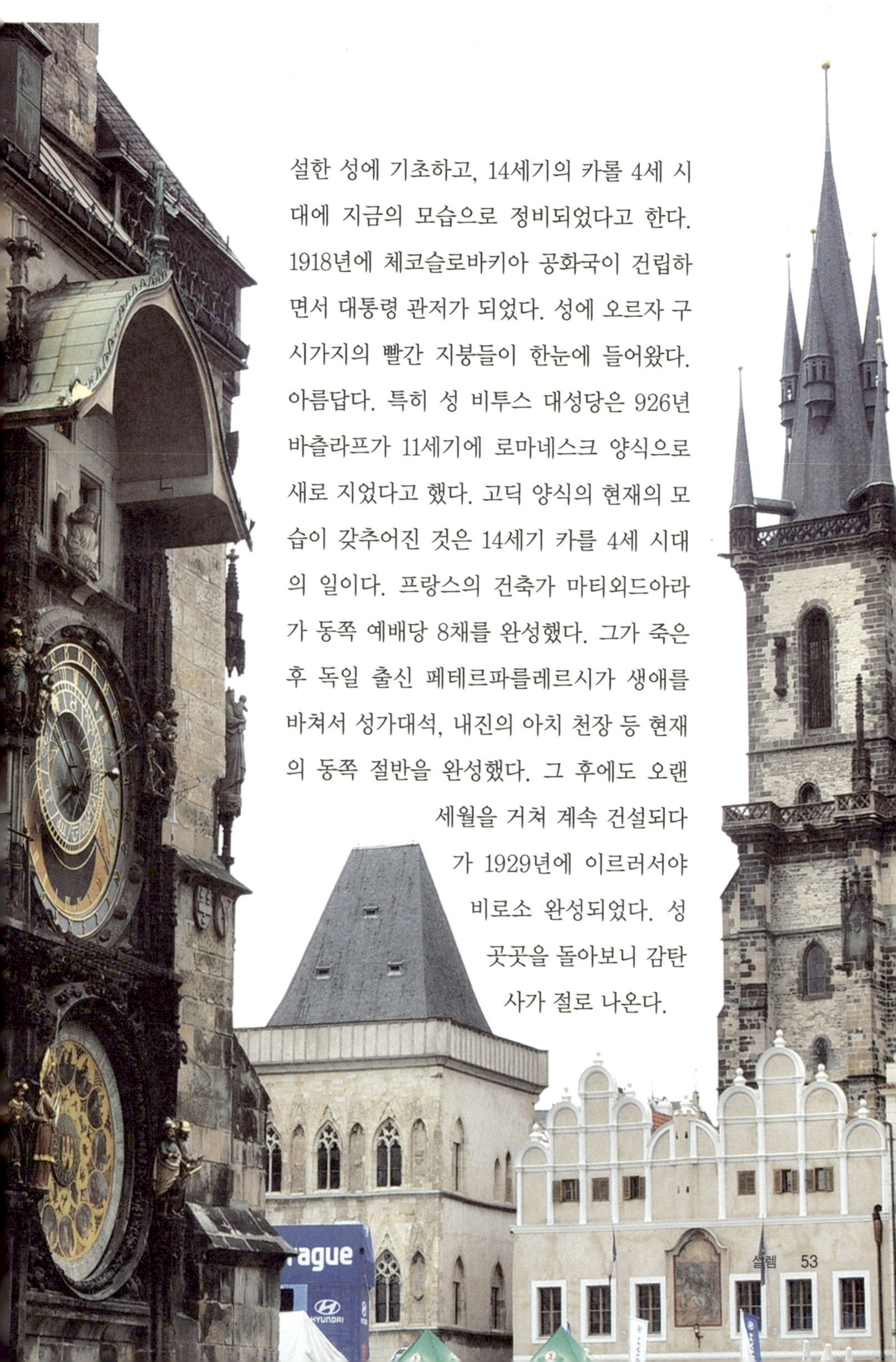

설한 성에 기초하고, 14세기의 카롤 4세 시대에 지금의 모습으로 정비되었다고 한다. 1918년에 체코슬로바키아 공화국이 건립하면서 대통령 관저가 되었다. 성에 오르자 구시가지의 빨간 지붕들이 한눈에 들어왔다. 아름답다. 특히 성 비투스 대성당은 926년 바츨라프가 11세기에 로마네스크 양식으로 새로 지었다고 했다. 고딕 양식의 현재의 모습이 갖추어진 것은 14세기 카를 4세 시대의 일이다. 프랑스의 건축가 마티외드아라가 동쪽 예배당 8채를 완성했다. 그가 죽은 후 독일 출신 페테르파를레르시가 생애를 바쳐서 성가대석, 내진의 아치 천장 등 현재의 동쪽 절반을 완성했다. 그 후에도 오랜 세월을 거쳐 계속 건설되다가 1929년에 이르러서야 비로소 완성되었다. 성 곳곳을 돌아보니 감탄사가 절로 나온다.

내려오는 길에 잠시 비를 피하려고 전시실을 들르려 했으나 입장료가 너무 비싸 포기했다. 서둘러 예술가의 집 쪽으로 가던 중 까렐교 맞은편 다리에서 어제 저녁에 만난 젊은 친구를 만났다. 젊은이는 신혼부부와 성을 오르고 있었다. 민박집이 새로운 시설로 잘 되어 있으니 시간이 되면 다음에 이용해보라고 했다.

아들과 민박집으로 들어가기 전에 알려준 식당에서 체코 전통 음식인 돼지족발을 먹어보기로 했다. 민박집 근처 코너 머리의 식당에서 음식을 주문하고 콜라와 맥주를 마셨다. 음식은 보기보다 느끼해서 다 먹지는 못하고 남겼다. 330코루나를 체코 돈으로 계산하고 영수증을 받았다.

민박집으로 돌아와 우산을 챙겨 거리로 다시 나왔다. 피자집에서 피자와 음료를 사서 우리는 화약탑 쪽 바슬라프 광장으로 향했다. 1348년 카를 4세가 신시대를 건설했을 당시 마 시장으로 만든 곳이 오늘날의 바슬라프 광장이다. 광장은 프라하 시민의 집회장소가 되어 특히 1989년 11월 벨벳 혁명 때 시민이 광장을 메웠다고 한다. 시대와 사회 변혁을 지켜보는 역사의 현장이다.

국립박물관은 발레 공연으로 들어갈 수 없었다. 19세기 후반 프라하에서는 민족의식이 고양되고 체코 귀족들은 자금을 모아 체코 문화계를 알리기 위해 광물수집품을 전시할 국립박물관을 지었다. 요제츠술츠의 설계로 준수하

고 화려한 이 건물은 내부가 아름답기로 유명하다. 아쉽지만 들어갈 수 없었다. 옆 현대적 건물이 전시장 겸 박물관이었다. 입장료로 160코루나 체코 돈을 주고 입장했지만 실망이었다. 별로 볼 것이 없는 아이들 체험학습관 같은 곳이다. 박물관을 나와 거리의 쇼핑센터를 둘러보았다. 난 시계에 관심이 있어 시계 전문점을 들려 구경했다. 시계탑에서 보았던 화려한 시계 모양을 찾을 수가 없었고 단순하고 투박한 것들이었다. 아들은 땀 냄새 제거제를 백화점 화장품 코너에서 샀다. 체코돈이 좀 모자라 카드로 계산했다. 24유로 정도인데 유로로 계산할 걸 하는 후회를 했다.

야경을 보려고 시계탑 광장 쪽으로 가니 대형스크린에서는 이탈리아와 스페인 축구가 한창이다. 사람들이 모여 축구를 보며 응원하고 있다. 후반전 20분쯤 남겨 두고 있다. 1대1로 동점인 가운데 아슬아슬한 순간마다 함성이 터졌다. 경기가 끝나니 모두 뿔뿔이 흩어진다. 우리도 어둠이 내린 길을 걸어 프라하 성의 다른 쪽 방향을 택해 걸어 올라갔는데 전혀 엉뚱한 곳이 나왔다. 한참을 지나쳐 성 북쪽에서 우리는 헤매고 있었던 것이다.

길을 물어 다시 방향을 잡아 성에 이르렀다. 저녁이라 한산했다. 그 붐볐던 관광객은 보이질 않았다. 성에 올라 시내를 내려다보다 다시 까렐교로 내려왔다. 그리 어둡지 않았기 때문인지 다리에는 아직 전등이 켜지지 않았다. 카페를 찾아 잠시 쉬려 했으나 아들은 그냥 숙소로 들어가 자자고 한다. 피곤한 모양이다. 다리 중간에 이르러 프라하성의 불빛을 보고 야경 몇 장을 카메라에 담고 싶었다. 다리를 다 건너오니 그때 막 가로등 불이 켜졌다. 야경을 보기 위해 관광객들이 모여들었다. 한국에서 온 사람들도 많았다.

남은 체코 돈을 어디에 쓸까 고민하며 민박집으로 돌아왔다. 내일의 여정을 점검했다. 아침에 역에서 남은 체코 돈으로 체코 전통 음식을 사 기차에 오르면 되겠구나 생각하다 잠이 들었다.

갈등

4km 정도 되는 길이라서 천천히 걷기로 했다.
나는 아들을 따라 걷고는 있지만
제대로 가는 것인지 의문이 들었다.
몇 번을 물으려 했으나,
아들은 내비게이션을 보며 찾아가잔다.

06

Wien빈

출발 ; 2012. 06. 11(월) 프라하 중앙역 오전 08 : 42(이체 274호 열차)
도착 ; 2012. 06. 11(월) 빈 중앙역 오후 13 : 22
출발 ; 2012. 06. 12(화) 빈 서역 오전 09 : 44(인터시티 열차 862호) 열차

<숙박>
6월 11일부터 13일까지 3박 4일
빈 태극기 한인 민박 투숙 240유로

민박집에서 서둘러 아침을 먹고 나왔다. 8시 42분 기차다. 어느 플랫폼인지 알 수가 없다. 순간 당황스럽고 서러웠다. 역내 순찰 순경에게 물었지만 파란 전광판에서 확인하란다. 어디로 갈 줄 몰라 무턱대고 아무 데나 올라갔다.

그곳에서 노부부를 만났다. 그들도 기차 타는 플랫폼을 찾는 중이었다. 그들은 노란 게시판을 쳐다보고 있었다. 내 기차 시간표를 보여주자 같은 기차라는 걸 알았다. 그들과 동행하기로 하고 뒤따라갔다. 그들은 부다페스트 켈러티 역에 내리는 부부였다. 우리는 도중에 갈아타고 빈으로 가야 했다. 우리는 모두 당황했다. 노부부의 아내가 경찰에게 물었지만, 체코 말을 이해할 수는 없었다. '넘버 포' 로 가라는 것 같았다. 이미 기차는 대기하고 있었다. 난 역 승무원에게 확인 겸 물었다. '이 기차를 타고 가다 갈아타야 하느냐' 고 물었다. '그렇다' 고 하니 무조건 올라타 일등 칸을 찾았다.

판매원에게 빵, 콜라, 물, 샌드위치를 점심 대용으로 샀다. 체코 돈을 다 쓰려고 했다. 370코루나 주고 55코루나 남았다. 약 2유로쯤 되는 돈이다. 1유로에 25코루나이다. 물이라도 하나 더 살 요량으로 그냥 지갑에 넣었다.

기차를 갈아타 일등 칸으로 가던 중, 식당 칸을 지나게 되어 물을 1병을 30코루나 주고 샀다. 아쉽게도 5코루나 부족이다.

기차는 1시간 10여 분을 달려 빈에 도착했다.

기차에서 내려 지도를 살펴보았다. 지하철 3호선을 타고 서역으로 가야 할 것 같다. 자신이 없어 일단 밖으로 나왔다. 아들은 지도를 펴고 핸드폰으로 검색했다. 핸드폰에 목적지를 입력했다. 가는 길이 표시되고 몇 킬로미터 인지까지 알려주었다. 4km 정도 되는 길이라서 천천히 걷기로 했다. 나는 아들을 따라 걷고는 있지만 제대로 가는 것인

지 의문이 들었다. 몇 번을 물으려 했으나, 아들은 내비게이션을 보며 찾아가잔다. 아들은 지도를 보는 법과 방향 감각이 뛰어나다.

1시간 남짓 걸어가니 서역이 보였다. 그곳에서 5분 거리쯤에 태극기 민박집이 있다. 전화로 밑에 와 있다고 하니 주인이 내려와 맞이한다. 하룻밤에 80유로라고 했다. 성수기라 방이 없다며, 화장실이 3개고 샤워실도 있다며 자랑이다. 깎으려 했으나 안 되었다. 도미토리(dormitory : 공동)로 쓸까 하다가 얼마 차이가 없어, 그냥 쓰기로 하고 여장을 풀었다. 주인이 아침을 준비했으니 밥 먹으러 내려오라 했다.

주인은 지도를 펼치고, 관광하는 방법과 길을 알려주며 음악회와 연주회를 권했다. 빈에 와서 슈트라우스와 아마데우스의 음악을 듣지 않고 가면 후회될 것 같았다. A석 2자리를 118유로에 예약을 했다. 이래저래 방값과 연주회 티켓값을 치르니 358유로라는 거금이 나갔다. 끔찍했다.

우리는 지도를 손에 들고 역으로 향했다. 14일 저녁에 기차로 베네치아로 가야 한다. 아들 때문에 침대 열차를 예약해야 하기 때문이다. 인포메이션데스크에 물으니 예약창구로 가란다. 깜짝 놀랐다. 더블

침대칸이 69유로씩이니 138유로다. 하지만 어쩔 수 없이 예약했다.

우리나라 명동과 같은 번화한 케른트너 거리(Kerntner Strasse)가 있다. 명동처럼 사람들이 붐빈다. 이 거리는 슈테판 대성당에서부터 오페라 하우스까지 이르는 빈(비엔나) 최대의 번화가다. 슈테판 광장에서 똑바로 남쪽으로 이어진다. 볼거리는 600m에 달하는 보행자 전용 거리에서 노래하거나 음악회 입장권을 파는 사람들이 많아 역시 음악도시다운 분위기가 났다. 유명 카페와 레스토랑, 뷰티크는 물론 스와로브스키, 오메가 등 유명 브랜드 상점들이 몰려 있다. 맥도널드로 들어가, 햄버거 세트를 12유로 주고 사 저녁으로 대신했다.

모차르트 동상이 있는 왕궁 정원으로 들어갔다. 동상 앞의 화단의 붉은 베고니아가 높은음자리표로 심어져 있어 보기에도 좋았다. 우리는 그 앞에서 기념촬영을 하고 한참을 걸었다. 이 외에도 도심 곳곳에 모차르트의 동상과 그의 흔적들이 있어 역시 모차르트의 도시임을 알려주고 있다.

부르크 시립공원 안에 연주회장이 있다. 공원에서 쉬기로 했다. 연주회장 건물 뒤편에는 요한 슈트라우스 동상도 있다. 몇 장의 기념사진을 찍었다. 모차르트 의상을 차려입고 입장권을 팔던 친구와도 사진을 찍었다.

저녁 7시쯤 연주회장으로 가니 입장은 7시 반부터라고 한다. 우리는 줄을 서서 기다렸다. 입장하니, VIP석 바로 뒤 두 번째 줄이다. 슈트라우스와 모차르트 곡을 번갈아 연주하며 아리아와 발레를 선보였다. 지루하지 않게 연주회를 이끌었다. 우리 귀에 익숙한 음악들이 있어 신이 났다. 관람객들은 주로 외국 사람들로 7~80이 넘은 노인분들이 대부분이었다. 여유롭고 품격 높은 할머니 할아버지들이다. 민박집에서 준 무료 입장권으로 브레이크 타임에 샴페인을 한 잔하고 아들은 주스를 마셨다. 연주자와 발레리나, 아리아를 부르는 가수, 정말 멋있고 예쁘다. 재미있게 연주회를 이끈 연세 지긋한 바이올리니스트는 익살스

럽고 유머도 많았다. 작은 연주회였지만 59유로가 아깝지 않았다. 연주회가 끝나니 10시가 넘었다. 우린 다시 걸어서 숙소로 왔다. 내일은 모차르트의 도시 잘츠부르크로 가기로 하고 잠을 청했다.

07

Salzburg 잘츠부르크

도착 ; 2012. 06. 12(화) 잘츠부르크 중앙역 오후 12 : 49
출발 ; 2012. 06. 12(화) 잘츠부르크 중앙역 오후 21 : 01(레일젯 열차)

한바탕 비가 내린 후 땅바닥이 축축해졌다. 하지만 하늘은 여전히 잔뜩 찌푸리고 있다. 금방이라도 또 비가 내릴 것 같다.

이른 아침. 민박집 2층 창문에서 내려다보는 빈 서역은 한산해 보인다. 도로를 지나는 차량의 엔진 소리만 요란하게 들린다. 7시 반이 지나니 아침이 준비되었다. 아들은 안 먹겠다며 눈도 뜨지 않는다. 마음은 바빠 급하기만 하다. 아들을 다시 깨웠지만 일어나지 않는다. 우리가 식사를 다 마칠 때쯤 아들은 겨우 일어나 내려왔다. 9시가 넘어서 출발했다.

역으로 와 잘츠부르크로 가는 기차라서 얼른 탔는데, 황당한 일이 벌어졌다. 유레일패스가 적용되지 않는 기차라고 했다. 결국, 다음 정거장에서 내려 다른 기차로 갈아타야 했다. 기차는 52분에 1번 플랫폼으로 들어왔다. 일등석으로 가서 앉았다. 차창 밖으로 그림 같은 풍광이 펼쳐진다. 잘츠부르크 역에 도착했다. 10여 년 전에 왔었는데, 기억이 잘 떠오르지 않는다. 주변이 많이 변했다. 방향감각을 잃어 반대편에서 헤매기도 했다.

호엔 잘츠부르크 성채는 입장료가 15유로다. 성채에 올라 보니 시가지가 한눈에 들어왔다. 구시가지와 잘차흐 강 사이를 두고 펼쳐진 신시가지며, 잘츠카머구트의 산들도 보인다. 아름다운 광경이다. 이 성채는 대주교 게르하르트가 안전한 거주지로 해발 120m의 동산에 시내를 360도로 굽어볼 수 있게 세웠다. 성채 내부에는 대주교의 사치스러운 황금의 방, 의식의 방, 중세의 고문 기구가 있는 방, 무기가 전시된 부르카 박물관이 있다.

밑에는 아름다운 미라벨 정원이 있다. 1606년에 볼프 디트리히 대주교가 주교의 신분에도 평민의 딸 '살로메아트' 를 너무 사랑한 나머지 그녀와 살기 위해 지었는데, 그가 실각하고 난 후, 1690년에 바로크 양식 건축가 피셔 폰 에를라흐가 설계하여 만들었으나, 건축가 요한 루카스 힐데브란트가 고쳤다. 그러나 1818년 화재로 소실되었다가 현재의 모습으로 바뀌었다고 한다. 무엇보다도 영화 '사운드 오브 뮤직'에서 마리아와 대령의 아이들이 '도레미 송' 을 부르며 정원을 도는 모습에서 더욱 유명해졌다. 정원에는 계절마다 여러 종류의 꽃이 번갈아 피고, 연못과 분수, 꽃과 나무, 그리스신화에 나오는 대리석 조각상들로 아름답고 조화롭게 꾸며져 있다.

여기저기 건축미와 조형물을 사진에 담는 사이 아들과 잠시 헤어졌다. 다리를 건너 바로크 양식의 아름다운 분수가 있는 레지덴츠 광장에서 아들을 다시 만났다. 광장 남쪽으로 대성당이 자리하고 있다.

성채 안 음식점에서 30유로를 주고 닭튀김과 감자, 소고기 스프에 미트볼, 맥주와 물, 커피를 시켰다. 서둘러 먹고 계산할 때는, 비가 점점 더 거칠게 내렸다. 빠른 걸음으로 전망대에 닿았다. 10여 년 전에 보았던 그림엽서 같은 풍경을 다시 보았다.

호엔잘츠부르크 성을 내려와 논베르크 수녀원 쪽으로 올라갔다. 논베르크 수녀원은 714년에 세워진 독일에서 가장 오래된 수녀원이다. 수녀원 내부는 공개하지 않지

만, 묘지로 둘러싸인 부속 교회는 볼 수 있다. 묘지 철책이 아름다운 성 피트 교회 등.

축제극장과 모차르트 생가를 보며 잠시 비를 피했다. 다리를 건너기 전 모차르트 초콜릿을 2유로 주고 사 먹었다. 비엔나 커피도 3유로다. 역으로 가는 길이 멀었다. 비를 피하느라 잠시 잠깐 버스 정류장에 앉았다. 예전 같지 않은 길이다. 생각이 나질 않는다. 잘츠 역 가는 주변이 변했다. 역사도 새로 지어 사람을 어리둥절하게 했다.

비를 흠뻑 맞고 역사로 들어왔다. 17시 기차였다. 30여 분을 더 기다려야 한다. 사복 경찰이 여권을 요구했다. '왜 그러느냐?' 묻고 신분증을 확인하고는 여권을 주었다. 잠시 사복경찰은 여권을 확인하고 돌려주었다. 간혹 가짜 경찰이 여권을 가지고 장난치는 경향이 있다는 소리를 들은 바 있어 경계심을 늦추지 않았다.

빈으로 돌아오는 기차는 최신형인지 비행기처럼 내비게이션까지 있어 지도는 물론 달리는 속도 및 도착 여부까지 모니터링해주었다. 기내 서비스라면서 과자도 나눠주고 주문을 받아 음식도 배달해 주었다. 관광객들이 심심치 않게 잡지나 신문도 제공했다. 비가 오는 바람에 좀 일찍 기차를 탔다. 빈에 도착하니 저녁 7시 40분이었다.

멕카페에 들려 따뜻한 카페라떼와 케이크 그리고 도넛을 11유로 주었다. 아들과 나는 걸어서 민박집으로 돌아왔다.

08

Schonbrunn 쉔부른

도착 ; 2012. 06. 12(화) 빈 서역 오후 23 : 44
출발 ; 2012. 06. 14(목) 빈 서역 오전 09 : 54

계속 비가 내린다. 낙숫물소리에 눈을 떴다. 똑똑 토닥토닥 정겨운 소리로 옛 추억을 부르듯 비가 내린다. 하늘을 보니 하루종일 내릴 것 같다. 빈(비엔나) 여행의 키워드는 두 가지라고 한다. 마리아 테레지아와 모차르트. 마리아 테레지아는 합스부르크 왕가의 통치자이며, 13세기 말부터 650년간 유럽를 지배했다고 한다. 빈이 그 왕가의 수도였다니, 쉔부른 궁전은 꼭 가야 할 것 같았다.

일어나 밥 먹기 전 태극기민박집 주인아주머니에게 물었다. '타박'이라는 곳에서 그러니까 민박집에서 왼쪽으로 돌아 길모퉁이에 로또를 파는 잡화점에서 5.5유로 주고 빈 쇼핑티켓을 사서 58번 트램을 타고 7번째 정류장에 하차하면 바로 쉔부른 궁전이라고 자세하게 알려준다. 빈 쇼핑 티켓은 오전 8시부터 20시까지 사용 가능하며, 지하철이든 버스든 트램을 마음대로 이용할 수 있다고 했다. 한번은 꼭 개찰구에 개찰해야 하고, 여러 번 쓰면 벌금도 내야 한다고 했다.

아침을 먹고 길을 나섰다. 비가 내려서 춥다. 그러나 막상 타박에는 빈 쇼핑티켓이 없어 14유로 주고 일일 자유이용권 두 장을 샀다. 일일권을 가지고 합스부르크가의 쉔부른 궁전을 찾아갔다. 쉔부른은 '아름다운 샘' 이라는 뜻이다.

17세기 초 마티아스 황제가 당시 이곳에 있던 숲의 사냥터에서 아름다운 샘을 발견한 데서 유래했다. 1696년 프랑스의 베르사유궁전을 본떠 건설한 바로크 양식의 궁전이다. 궁전 입장료 17유로 내고 입장했다. 프란츠 요셉 황제와 엘리자베스 황후의 공식 영접실과 사적인 공간들이 가장 값진 방들로 꾸며져 있었다.

중앙에 축하 행사용의 그랜드홀과 응접실이 있다. 서관에는 프란츠

요제프와 엘리자베스 살롱이, 동관에는 마리아테레지아와 프란츠카를 대공의 살롱이 있다. 근위병의 방, 당구장, 포도나무의 방, 서재, 침실, 파우더룸, 황후의 살롱 등등. 정면 입구의 왼쪽에는 마리아 테레지아가 세운 합스부르크가의 전용 극장이 있다.

관람 후 다시 서역으로 트램을 타고 와 지하철 3호선으로 슈테판 대성당을 찾았다. 으리으리한 성당에서 모차르트 장례식이 1791년 이곳에서 있었다고 한다. 규모나 구조가 감탄을 자아내게 했다. 800년

이상의 역사를 자랑하는 빈의 얼굴이자, 12세기 중반 로마네스크 양식으로 지어졌다가 14세기에 합스부르크가의 루돌프 4세에 의해 고딕 양식의 대교회로 개축하였다. 걸어서 알베르티나 미술관을 찾았다.

미술관에 들어가기 전에 터키샌드위치로 점심을 먹었다. 10유로 주었다. 커피는 (7유로) 자연사박물관 (20유로) 아이스크림 (8유로).

마리아 테레지아가 매우 사랑했던 딸 크리스티나의 남편인 알베르트 공의 수집품을 기초로 하여 소묘, 판화, 그래픽 등이 소장된 미술관이다. 22유로를 주고 관람했다. 당대의 그림과 조각을 감상하고 나와 자연사 박물관을 방문했다.

자연사 박물관은 마리아 테레지아 광장을 사이에 두고 미술사 박물관과 마주 보고 있다. 마리아 테레지아의 부군 프란츠 1세의 수집품을 바탕으로 자연과학 전반에 걸친 다양한 유물을 볼 수 있었다. 공룡 화석과 멸종 동물의 박제, 다양한 광물 등을 둘러보고 나왔다.

다시 전철을 타고 민박집으로 돌아왔다. 잠시 쉬었다. 다시 시가지로 나갔다. 지하철을 타고 1번 트램을 타고 최종 목적지까지 갔다 다시 왔다. 국회의사당과 궁정극장 쪽으로 돌며 시시(Sissi)황후 동상을 찾았다. 시시 황후는 프란츠 요제프 1세의 왕후이며, 당시 유럽 왕실 중에서 허리가 가장 가늘었다고 한다. 코르셋을 이용해 19 ~ 20인치를 항상 유지한 '개미허리' 의 소유자였다고 한다. 또한, 원래 요제프 황제의 약혼녀는 그녀의 언니였는데, 약혼식 파티에 나온 그녀의 아름다움에 반한 황제의 청혼으로 언니 대신 왕후가 되었다고 한다.

헬덴광장에는 나폴레옹을 무찌른 카를 4세의 기마상이 있다. 그 광장을 지나 왕궁정원에서 모차르트 동상을 다시 보고, 지하철을 타고 빈 서역으로 왔다.

아들에게 전화해 저녁을 먹자고 했다. 민박집 맞은편에 오래된 전통 있는 짚퍼식당이 있다. 아들은 달걀튀김에 빵, 난 돼지 고기와 그릴에서 구운 립을 시켰다. 맥주 두 잔, 콜라 두 병까지 모두 34유로가 나왔다.

민박집으로 들어가기 전, 역에 들러 0.5유로 주고 화장실을 보았다. 카페에 들러 커피를 마시고 7유로를 주고 나왔다. 저녁 8시 반이 넘었다. 상점들은 저녁 8시가 넘자 모두 문을 닫았다.

바람이 거세게 불었다.

09

Budapest 부다페스트

도착 ; 2012. 06. 14(목) 부다페스트 켈리티 역 오후 12 : 49
출발 ; 2012. 06. 14(목) 부다페스트 켈리티 역 오후 17 : 10
도착 ; 2012. 06. 14(목) 빈 서역 오후 20 : 00 레일젯 42호 열차
출발 ; 2012. 06. 14(목) 빈 서역 오후 20 : 40 인터시티 열차 947호 야간열차
더블침대 예약 138유로

〈숙박〉
6월 14일 야간열차 1박 138유로

어제 비바람을 맞은 탓인지 목감기가 왔다. 현지 시각으로 4시 반인데 날이 훤하다. 좀 서둘러야 부다페스트를 다녀왔다가 베네치아로 가는 야간열차를 탈 수 있다. 적어도 오후 5시엔 빈으로 돌아와서 예약된 열차를 타야 했기 때문이다. 날씨는 좋았다. 화창한 날씨지만 바람은 역시 차다. 아침을 먹고 역으로 향했다. 라커룸에 배낭을 넣고, 멕카페에서 커피 한 잔을 했다.

커피를 마시며 부다페스트행 열차를 기다렸다. 유심히 열차 시간표를 살폈다. 먼저 시간표를 확인했어야 했다. 9시 열차도 있었다. 조금만 일찍 일어났더라면 1시간 먼저 부다페스트에 도착했을 것이다. 아쉬웠다. 예정대로 9시 54분 열차를 타기로 했다.

오스트레일리아 껌을 1통 샀다. 0.95유로를 주었다. 껌을 씹으며 베네치아 가는 기차의 침대칸은 어디에 있는지를 확인하고, 정류장으로 나갔다. 바람이 차 부스로 들어갔다. 아가씨가 앉으라고 가방을 치워준다. 독일에서 온 여행객이라고 했다. 낱말퀴즈를 풀고 있다. 맞은편 아가씨는 책을 읽고 있다. 키가 훤칠하고 몸집이 컸다. 아이패드로 글 쓰는 모습이 신기했던지, 중동 아라비아 계열의 건장한 남자 셋이 나를 유심히 쳐다본다.

레일젯 기차가 미끄러지듯 들어왔다. 우리는 기차에 올라탔다. 기차는 인스부르크에서 빈 서역을 향해 출발했다. 아들은 스투코를 풀었다. 옆자리에 젊은 청년이 탔다. 검표원이 유레일 표를 검사했고, 식당 칸 안내인이 주문을 받아 음식을 가져다주었다. 서비스로 크랜치 초콜릿을 주었다. 서비스걸에게 물을 시켰다. 탄산이 들어간 것을 원하는지 물었다. '위다웃가스' 라고 들린다. '노우' 라고 말을 하니 그냥 물을 가져왔다. 그것도 2.3유로다. 11시에 기차는 헝가리 부다페스트에 도착했다. 중심지로 들어가는데 약 2시간 남짓 걸렸다.

기차역이 초라하다는 느낌이 든다. 차창 밖 보리밭은 황색 물결이다. 누군가는 역사로 들어가지 않고 기찻길을 건너 숲으로 몰래 빠져나간다. 부다페스트 날씨는 화창했다. 맑은 하늘과 흰 구름 적당한 바람과 햇빛, 걸어 다니기에 좋은 날이다.

동역에 내려 큰길을 따라 걸어갔다. 바치거리에는 관광객들로 붐볐다. 고급 부티크에서부터 선물가게까지 상점들이 즐비하게 늘어선 번화가다.

도나우 강 저편에는 왕궁과 어부의 요새, 헝가리를 사랑했던 엘리자베스가 즐겨 머물렀던 괴될뢰 성, 겔레르트의 언덕이 그림처럼 펼쳐져 감탄을 자아내

게 했다. 아들과 나는 세체니 다리를 건너 왕궁으로 들어갔다. 왕궁에서 바라본 도나우 강과 세체니 다리는 한 폭의 그림이다.

오스만트루크의 철저한 파괴 속에 다시금 지은 17세기 바로크 양식의 웅장한 건물 주변을 돌아보았다. 부다왕궁 위에서 내려다본 도나우 강 변과 조화를 이룬 페슈르트 지구의 경관은 일품이다. 강 건너 페슈르트 지구에서 세체니 다리와 어우러진 부다왕궁은 더할 나위 없이 아름답다.

부다페스트에서 가장 번화한 바치거리에는 음식점들이 즐비해 먹을거리와 쇼핑하기엔 좋은 곳이다. 거리에는 아르누보(신예술)양식의 건물도 있고, 세련된 멋을 자랑한다.

도나우 강을 가로지른 부다페스트의 상징인 다리엔 사자 4마리가 네 귀퉁이에 자리하고 있다. 19세기 중반에 가설된 견고한 다리이다. 밤에 불을 밝히는 전구가 사슬처럼 보인다고 하여 '사슬 다리'로 불리고 있다. 도나우 강 다리 중 가장 아름다운 다리이다.

서둘러 걸어서 한바퀴 돌고 내려와 동쪽 켈리티 역으로 향했다. 4시 반까지 역에 도착할 요량으로 잰걸음으로 걸었다. 헝가리 돈으로 교환할까 하다 그만두기로 했다. 어차피 바꿔야 다 쓰지도 못할 것 같아 아꼈다. 먹는 것도 유로로 기차에서 먹기로 하고 참았다.

4시쯤 역에 도착했다. 기차는 대기하고 있었다. 목적지는 빈 서역이다. 역무원들이 출발 준비를 하고 있어 먼저 타 소변도 보고 여승무원이 식사 주문을 받길 기다렸다. 기차가 정확히 저녁 5시 10분에 출발했다. 배가 고파 승무원을 불러 감자 삶은 것과 돼지고기 튀긴 것으로 요기했다. 음료수를 곁들였다.

저녁 8시에 빈에 도착했다. 라커룸에서 배낭을 찾고 망고 주스도 1잔 샀다. 해피타임이라고 3유로에 팔았다. 피자 2조각과 콜라 2병을 샀다.

야간열차에서는 역무원이 승객들을 안내했다. 열차에 오르니 좁은 감이 들었다. 아기자기한 좁은 공간에 샴페인, 과자, 타올, 비누 등 여러 가지 필요한 것은 다 갖춰져 있다. 역무원이 아침 식사 리스트를 작성해서 제출해 달라고 요구했다. 아침 기상 시간을 도착 1시간 전에 해주겠다고 했다.

창밖에는 저녁노을이 번지고 있었다. 붉게 물든 빛이지만 대지는 평화로워 보였다. 그림 같은 시골풍경에 붉은색이 더없이 아름답다.

우리가 탄 기차는 어둠을 뚫고 베네치아의 산타루치아로 힘차게 달려가고 있다.

고조

민박집에 와서 샤워하고 누웠다.
아들과의 대화를 통해 아들이 속도 깊고, 자기 앞가림은 하는구나
하는 생각이 들었다. 아들은 명예보다는 돈을 중시한다.
하지만 자기 생각과 주관이 너무 뚜렷한 게,
때로는 흠이 되기도 한다.

Venezia 베네치아

10

도착 ; 2012. 06. 15(금)
베네치아 산타루치아 역 오전 08 : 34
출발 ; 2012. 06. 16(토)
베네치아 산타루치아 역 오전 08 : 57

<숙박>
6월15일부터16일까지 1박 2일
베네치아 리알토호텔 160유로

야간열차에서 잠을 깨니 기차는 잘츠부르크 역에 있었다. 새벽 2시 55분이다. 추위 때문에 잠을 설쳤다. 배낭에서 웃옷을 꺼내 입었다. 기차는 역마다 한참씩 정차한다. 날이 밝았다. 일어나 양치하고 세수를 했다. 차창 너머로 아름다운 풍광들이 흘러간다. 어디쯤 가는지 알 수가 없다. 아까 역무원이 도착하기 1시간 전에 깨워준다고 했으니 마음 놓고 자도 된다.

지나는 풍경 중에 냇가의 물이 맑다. 이제야 이탈리아 국경에 다 왔는가보다. 핸드폰에 수신문자가 여러 개 들어왔다. 외교통상부에서 우리가 어디에 있는지 위치를 파악하고 있는가 보다. 국경을 넘을 때마다 수신문자가 날아든다.

아침 6시 5분이다. 기차가 터널을 지나간다. 달리는 소리가 폭포수 내리듯 요란하다. 어두운 곳에 잠깐씩 스치는 섬광들…. 넓은 평지에 그림 같은 집들이 보인다.

이탈리아에 들어서니 높은 산들이 많고 터널도 많았다. 웨이터가 아침을 가져다주었다. 엊저녁에 주문한 식단대로 빵과 요구르트, 오렌지 주스, 버터, 딸

기잼, 햄으로 아침을 먹었다. 서비스로 제공한 백포도주를 웨하스 과자를 안주삼아 마셨다. 아들은 그런대로 잘만 했다고 했다. 30분 후면 베네치아에 도착한다고 한다. 서둘러 짐 정리를 했다. 하지만 기차는 30분 더 늦게 베네치아 산타루치아 역에 닿았다.

역에서 내려 피렌체 가는 좌석 기차표 예약부터 했다. 안내원은 기계에서 카드로 결제하라고 한다. 자동발급기는 값을 다 내고도 표를 또 예매하는 것 같았다. 카드로 86유로를 결제했다. 역을 나와 바포레또 정류장에서 40유로를 주고 24시간 탈 수 있는 표를 샀다.

베네치아에서는 출발지를 리알토호텔에서 시작하기로 했다. 160유로 주고 1박 하기로 했다. 호텔에 짐을 맡겨두고 12시 이후 입실하기로 하고 산 마르코 광장으로 걸어갔다. 바로 앞 리알토 다리에는 관광객들로 붐볐다. 베네치아의 상징 가운데 하나인 곳이다. 주변엔 상점들이 즐비하게 늘어서 있어 인파들로 붐빈다.

걸어서 15분 정도 가니 산 마르코 광장(Piazza San Marco)이다. 사진을 담았다. 베네치아의 정치, 종교, 문화의 중심지인 광장. 건물들이 아름답게 둘러싸여 있다. 동쪽에는 산 마르코 대성당, 두칼레 궁전이 있다. 주변으로 높이 96m의 종루, 로마네스크와 비잔틴 양식이 혼합된 산 마르코 대성당에는 거리의 성인인 성 마르코의 유골이 모셔져 있다. 카도로, 베르나르도 궁전, 비잔틴 양식의 건축물 터키상인 저택, 고딕 양식의 대표 건축물 두깔레 궁전, 탄식의 다리 등등이 다 이곳에 모여 있다.

이곳은 도심의 중심부이며 산 마르코 대성당을 중심으로 'ㄷ' 자형으로 이루어진 회랑 안쪽 넓은 마당이다. 나폴레옹은 이곳을 세계에서 가장 아름다운 홀이라고 불렀다고 한다.

바포레또를 타고 16세기 유명한 건축가 팔라디오의 걸작 산 조르조 마조레 교회를 둘러보고 다시 호텔로 들어와 여장을 풀고 옷을 갈아입고 다시 나갔다.

호텔 밑에서 점심을 먹고 표를 취소하려고 수상버스를 타고 산타루치아 역을 찾아갔다. 취소가 불가하다고 해서 다시 돌아가기로 했다. 미로 같은 길을 누비며 찾아가려 했지만 길을 잃고 헤맸다. 지치고 힘이 들어 아이스크림을 사 먹었다.

수상버스 승선장에서 나와 산 마르코 광장까지 다시 가 호텔로 돌아올 수 있었다. 아들에게 잠시 쉬라고 하고, 나 혼자 리알토 다리 주변을 돌아보며 상점을 여기저기 기웃거리다 들어와 아들과 저녁을 먹기 위해 나갔다. 호텔 앞 식당에서 피자와 맥주를 마셨다. 47유로다.

내일을 위해 오늘은 일찍 자고 일찍 일어나기로 했다. 자다가 깼다. 아무리 생각해도 바가지 쓴 것 같아 씁쓸하다. 언어가 잘 안 통하니 당할 수밖에 없었다. 점심 때에 점심값 57유로를 안 주고 나와도 되었는데, 양심적으로 내주었더니 뒤통수를 치다니….

Firenze 피렌체

도착 ; 2012. 06. 15(금) 베네치아 산타루치아 역 오전 08 : 34
출발 ; 2012. 06. 16(토) 베네치아 산타루치아 역 오전 08 : 57

<숙박>
6월16일부터18일까지 2박 3일
피렌체 아름이네 한인민박 200유로

이탈리아 날씨는 덥다. 반바지 차림에 샌들을 신기로 했다. 6시에 일어나 샤워하고 7시쯤에 아침을 먹기로 했다. 별채 같은 호텔은 들고나기가 어려웠다. 들어갈 때마다 초인종을 눌러서 출입문을 열어달라고 해야 한다. 짐을 정리하고 내려와 아침을 먹었다. 아침이라야 빵 한 조각과 커피, 요구르트뿐이다. 160유로의 호텔비를 체크아웃하면서 카드로 결제했다.

수상버스를 타고 산타루치아 역으로 갔다. 기차역에서 피렌체 가는 열차를 살폈다. 로마행 기차로 중간에서 피렌체를 거치는 것이 있다. 유레일 표를 믿고 일등석에 앉았다. 표는 이등석을 샀다. 예약한다고 한 것이 86유로만 날렸다. 검표원이 유레일 표를 보고 아무 말 하지 않았다.

기차에 올라 핸드폰을 충전하기로 했다. 충전기가 안 맞아 집에서 가져온 콘센트를 사용했다. 진작 호텔방에서 할 걸 깜박 잊었다. 일등석 자리를 예약하지 않아 여러 번 자리를 옮겨야 했다. 결국, 이등석 자리로 옮겼다.

아들은 한인 민박집을 인터넷 검색으로 찾아 전화했다. 피렌체에 있는 민박집은 성수기라

120유로를 내야 1박 한다고 한다. 그리고 일요일에는 투어 나가기 때문에 아침도 해 주지 않는다고 한다. 픽업을 11시에 부탁하며 아들은 피렌체에 내려 다시금 전화하겠다고 한다.

아름민박 주인과 만났다. 민박집 입구엔 작은 음식점이 있다. 우선 식당에서 점심을 피자로 먹었다. 민박집은 산타마리아 노벨라 교회 옆이다. 초록색 대문을 열고 들어서면 철 대문이 있고 3층 계단으로 오르면 된다. 민박집은 조용하고 넓었다.

피렌체의 정보를 받고 거리로 나갔다. 관광객들의 흐름을 따라 흘러든 곳이 두오모 피렌체 성당 앞이다. 그리고 피렌체 산타마리아 역에서 잘 보이는 산타마리아 노벨라 교회는 고딕과 르네상스 양식이 조화를 이룬 대리석으로 만든 아름다운 교회다. 그 교회는 도미니코 회 성당으로 14세기에 세워졌다. 기하학 문양이 있는 파사드는 유명하다. 교회 내부는 원근법을 사용한 가상공간을 창출함으로써 회화의 새로운 장을 개척했다는 마사초의 '성 삼위일체' 가 있으며, 프레스코화 마리아와 조반니의 생애도 유명하다. 또한, 지오또의 작품과 르네

상스 최초의 건축가 브루넬레스코가 제작한 십자가를 볼 수 있다.

이곳을 지나 꽃의 성모교회라고 하는 두오모 성당은 로마네스크 양식의 상징적인 건축물이다. 1296년부터 140년이라는 긴 세월에 걸쳐 완성된 교회이다. 대리석으로 장식되어 웅장하고 화려한 외관에 넋을 잃고 만다. 감탄이 절로 난다. 8유로를 주고 올라가 보면 커다란 둥근 지붕에 그려진 프레스코화는 최후의 심판을 주제로 한 것이다. 두오모 꼭대기에서 바라다본 광경은 영원히 잊지 못할 아름다운 피렌체 모습이다.

내려와 모터의 종루를 지나 씨뇨리아 광장을 지나 14세기 중엽에 완성된 베키오 다리를 건너 공화국의 정부청사가 있는 베키오 궁전으로 향했다. 입장료 20유로를 주고 정원으로 들어갔다. 입구 오른쪽 안에는 미켈란젤로의 조각상 '승리' 가 있다. 궁전 정원을 둘러보고 내려왔다.

날씨가 너무 더워, 오르면서 15유로를 주고 아주 큰 아이스크림을 두 개나 샀다.

아르노 강 양쪽 기슭에는 옛 도시의 정취가 남아 있어 걸을수록 운치가 느껴진다. 다리 양쪽에는 가죽 공예품을 파는 상점들과 금은방들이 즐비했다.

민박집으로 들어와 잠시 쉬었다가 역으로 향했다. 12번 버스를 타고 미켈란젤로 광장으로 향했다. 너무도 멋진 풍경들이 눈앞에 펼쳐졌다. 왕복티켓을 끊었기에 5유로, 돌아오는 길은 달랐다. 내린 곳에서 처음 탄 곳으로 돌아왔다. 유명한 식당을 찾아 특별 메뉴로 티본스테이크를 시켰다. 44유로지만 아주 괜찮았다.

궁정정원을 들어갈 때도 20유로를 냈다. 높은 곳에서 내려다보는 피렌체의 사방팔방 모습은 붉은 지붕들의 향연을 펼쳤다 해도 과언이 아니다. 아름다운 피렌체 정말 잊지 못할 도시이다. 초여름 날씨에 강렬한 태양을 피해 그늘로 들어섰지만, 따가운 햇볕은 도무지 피할 수 없었다.

내일은 피사와 시에나를 다녀오기로 했다. 

Pisa & Sienna

피사와 시에나

12

도착 : 2012. 06. 16(토) 피렌체 산타마리아노벨라 역 오전 11 : 00(CIV0083열차86유로)
출발 : 2012. 06. 17(일) 베네치아 산타루치아 역 오전 07 : 28

열방에서 밤새 떠들어대는 통에 자다 깼다. 아들은 모기 한 마리가 귓전에서 맴돈다며 뒤척거린다. 이탈리아 날씨는 건조하면서 덥다. 땀이 나면서 끈적거리는 불쾌한 날씨다. 그늘로 들어서면 시원한 감은 들지만, 공기조차 뜨겁다. 새벽에 일어나자마자 진통제를 먹었다. 잇몸이 아파 빈속에 두통, 해열, 진통제를 먹었다. 민박집 주인 양반이 보리차처럼 순하게 탄 커피를 가져와 마셔보라며 주었다. 커피는 숭늉처럼 구수했다.

50분이다. 뛰어서 간신히 기차를 탔다. 피사 가는 열차는 이등 열차로 지저분했다. 간이역마다 다 서는 열차, 50분이면 피사에서 탑을 볼 수 있다.

피사의 탑은 비스듬하게 기울어진 탑이다. 탑의 높이는 북쪽 55.2m, 남쪽 54.5m로 남쪽으로 5.5° 기울어져 있다. '그래도 지구는 돈다' 는 말을 남긴 과학자 갈릴레오 갈릴레이의 '낙하의 법칙' 을 실험했다고 한다. 당시에는 물체가 무거울수록 빨리 떨어진다고 믿었는데, 갈릴레이는 사탑에 올라가 그것이 사실이 아님을 직접 증명해 보였는 이야기가 전해진다.

미라꼴리 광장에 도착하니 피

사의 탑이 한눈에 들어온다. 근처에는 두오모, 세례당, 봉안당, 싼 마떼오 국립 미술관이 있다. 피사의 탑은 1173년에 피사 출신의 건축가 보난노 파사노가 공사를 시작해 1350년 시모네가 완성했다고 한다. 1987년 성당과 세례당, 피사의 사탑과 봉안당이 있는 두오모광장(Piazza del Duomo)은 유네스코 세계문화유산으로 등재되었다

두오모는 피사의 탑보다 1세기 정도 앞선 1068년에 짓기 시작했다. 부세토와 라이날도의 합작품치고는 당대 최고의 로마네스크 양식의 걸작이다.

피사노의 문은 로마네스크 조각의 대표작이다. 세례당은 12~15세기에 지어졌다. 니콜라 피사노가 로마네스크 양식으로 만든 설교단은 예수의 생애와 최후의 심판 등이 새겨져 있다. 봉안당은 1278년 시모네에 의해 착공된 대리석의 우아한 건물이다. 건축에 쓰인 흙은 팔레스타인 성지에서 가져왔다고 한다.

피사를 둘러보고 다시 기차를 타고 산타마리아 역으로 돌아와 역 근처 버스 정류장에서 시에나로 가는 버스를 타기로 했다. 넓은 포도밭에 둘러싸인 아늑하고 조용한 도시. 토스카나 지방의 고도, 오래된 도시. 중세의 풍경을 담은 한 폭의 그림 같은 모습이 인상적이다.

시에나는 17개의 콘트라데로 이루어져 있는데, 이것은 일종의 교구로 도시의 구역을 나

누는 역할을 한다고 한다. 각각의 콘트라데 거리 앞에는 상징하는 깃발과 동물조각으로 장식되어 있다. 미로 같은 도시다. 커다란 부채꼴 모양을 하고 있고 깜포광장을 시작으로 푸블리꼬 궁전, 두오모, 싼도메니꼬 교회를 둘러보고 돌아왔다.

아침을 비빔밥으로 먹었다. 여린 상추와 채소를 넣고 참치에 비벼 먹었다. 반찬은 정갈했다. 민박집 주인 미스터 김은 같이 역으로 동행해 밀라노 가는 기차 좌석 예약을 도와주었다. 20유로를 카드로 결제했다. 피렌체에서 밀라노까지 편히 앉아 갈 수 있게 되었다.

시골 풍광이 차창 밖으로 스러져 간다. 피사 중앙역에 내렸다. 9시에 탄 기차는 10시 10분에 도착했다. 아들은 핸드폰를 켜 지도를 살폈다. 방향을 잡고 20여 분 걸어갔다. 쓰러질 듯 기울어진 탑을 배경으로 사진을 찍는 관광객이 많다. 또한 피사의 탑에 오르려는 줄이 너무 길어 포기하고 돌았다.

주변을 둘러보고 선데이마켓이 열린 시장을 통해

다시 역으로 와 피렌체로 가는 12시 32분 기차를 탔다. 억양이 경상도 사투리를 쓰는 아가씨를 만났다. 혼자 20일간 배낭여행을 한다 했다. 잠시 잠깐 만났다 헤어지는 여행은 우리네 인생과 닮았다. 이등 열차로 돌아가는 길에는 눈이 아주 큰 이국적인 아가씨가 합석했다. 쌍꺼풀이 깊이 있어 얼굴이 갸름하고 이목구비가 뚜렷한 미인이다. 1시 40분에 산타 마리아 노벨라 역에 도착했다.

시원한 물냉면이 먹고 싶어졌다. 먹는 것도 고민이다. 피자와 햄버거는 이제는 지겹다. 물과 주스를 사 마셨다. 점심은 시에나에 내려서 먹기로 했다. 버스보다 기차가 편리하다는 생각에 우리는 기차를 타기로 했다. 2시 10분에 출발하는 기차를 탔다. 파사 다녀올 때의 기차보다는 상태가 좋았다. 플랫폼 번호가 4번이다. 역무원에게 시에나 가느냐고 묻고 기차에 올라 출발하기를 기다렸다.

화학자가 옆자리에 탔다. 우리에게 중국인이냐 물었다. 우린 '한국사람' 이라고 답했고, 시에나에 간다고 말했다. 화학자들은 캐나다 토론토에서 왔고 그들도 그곳으로 간다고 한다. 옆자리에 앉은 사람에게 잠시 책을 빌려 시에나에 대한 정보를 그림으로나마 보았다.

시에나 도착은 3시 30분이었다. 우선 일식집을 찾아 도시락을 시켜 밥을 먹었다. 걸어가다가 판매대에서 시에나 지도와 껌을 샀다.

토스카나 평원에 3개 구릉 위에 걸치듯 건설된 시에나는 12~13세기에 형성된 도시다. 중세의 모습을 간직한 도시다. 캄초광장은 부채꼴 모양으로 넓게 펼쳐진 주방 모양의 광장은 아름다운 광장이다.

콘트라데 깃발 행진을 잠시 보았다. 왼손을 허리춤에 얹고 사뭇 진지한 표정으로 깃발을 들고 행진하는 모습이 마치 우리나의 고적대

행진 같았다.

만지아의 탑(Torre del Mangia)은 벽돌로 쌓은 102m 높이의 탑으로 '만지아' 라는 이름은 최초의 종지기의 이름에서 따온 것이라고 한다.

숨막힐 정도로 아름다운 두오모를 돌아보았다. 두오모는 12세기부터 200여 년 만에 지어진 로마네스크 양식이며, 또래는 고딕 양식의 교회이다. 원래 계획대로라면 세계 최대의 교회가 될 수 있을 뻔했으나 14세기 도시를 휩쓴 페스트 때문에 수포로 돌아갔다. 외벽은 대리석 줄무늬 모양으로 치장했으며 가운데 중간층을 감싸고 있는 40명의 성인 모습이 두오모를 빛낸다.

한참을 앉았다가 20시 18분 기차를 타러 갔다. 물과 콜라를 사 마시고 기다렸다. 2량짜리 기차는 우리가 탈 기차가 아닌 줄 알고 눈앞에서 기차를 놓치고 마는 어처구니없는 일이 벌어졌다. 다음 차는 21시에 있어, 1시간 이상 기다려야 한다. 41분에 엠포리 가는 기차를 타고 엠포리에서 피렌체 가는 막차를 타기로 했다.

어둑어둑했다. 은근히 불안한 감이 밀려든다. 2량짜리 기차를 안 타고 왔기에 설마가 사람 곤란하게 만들었다. 기차가 엠포리에 도착하니 시에나에서 출발한 막차가 대기하고 있었다. 1번 플랫폼으로 달려가 탔다. 기차는 산타마리아 역으로 가는 것이었다.

피렌체에 도착하니 10시 30분이다. 민박집 앞에서 맥주 6병과 파인애플 안주 2접시를 시켜 먹었는데 56유로가 나왔다. 처음에는 67유로 계산서를 가져왔다. 은근슬쩍 덤터기를 씌우려 했던 것이다. 따지고 따져 계산했다.

여행 동안 계속된 아들과의 대화를 통해 아들이 속도 깊고, 자기 앞가림은 하는구나 하는 생각이 들었다. 아들은 명예보다는 돈을 중시한다고 했다. 하지만 자기 생각과 주관이 너무 뚜렷한 게, 때로는 흠이 되기도 한다는 것을 아직은 모르는 것 같아서 안타까웠다.

Milano 밀라노

출발 ; 2012. 06. 18 (월) 피렌체 산타마리노벨라 역 오전 08 : 55(CIV0083 좌석예약 20유로)
도착 : 2012. 06. 18 (월) 밀라노 센트럴 역 오전 10 : 40
출발 ; 2012. 06. 19 (화) 밀라노 센트럴 역 오전 09 : 05(IC 벤티밍글리아에서 환승 좌석예약 6유로)

<숙박>
6월18일부터19일까지 1박 2일
밀라노 호텔 아우리가 130유로

13

40도가 넘는 불볕더위다. 어제 본 시에나는 고도의 정취를 기대한 만큼 이상 느낄 수 없었다. 깜포광장, 푸블리꼬 궁전, 두오모 등 별로 감흥이 오질 않았다. 콘트라데를 상징하는 깃발을 흔들며 행진하는 것을 보았다. 그때 아들은 깃발 하나를 샀다. 아들은 피사보다도 시에나가 낫다고 했다.

오늘은 밀라노로 떠난다. 비옥한 곡창지대 롬바르디아 평원 그리고 패션과 예술의 중심 도시 밀라노는 이탈리아 최고의 산업도시다. 아르마니, 프라다, 페라리, 람보르기니, 베르사체 등 명품들이 다 모여 있는 곳, 두오모와 오페라 극장 '라 스칼라' 등 아름다운 건축물이 있는 곳, 매력 넘치는 멋진 도시라서 아들은 기대가 크다.

아침을 먹고, 8시 55분발 밀라노행 기차를 타기 위해 40분에 민박집을 나섰다. 이미 20유로 주고 자리 예약을 해서 좌석 앞에 갔더니, 일본인 부부가 앉아 있다. 잠시 다른 자리에 앉았다. 서비스도 좋았다. 물과 음료 그리고 과자를 준다. 과자가 맛이 좋았다. 기차는 10시 40분에 밀라노에 도착

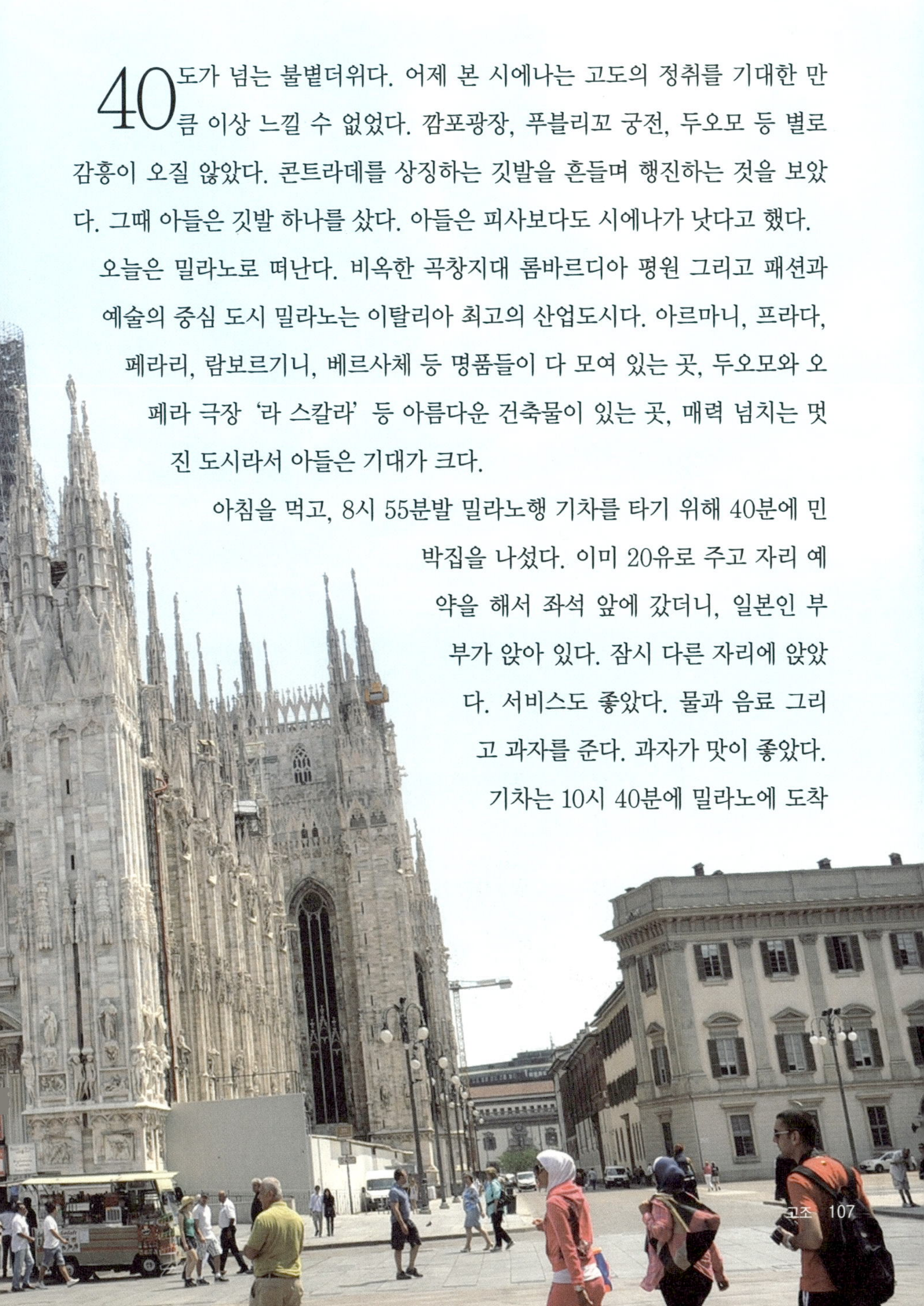

할 예정이다. 자리 예약을 안 해도 될 뻔했다.

밀라노에 도착하자마자 자동화 기계로 가서 니스까지 자리 예약을 하려 했다. 니스 역까지는 할 수 없어 환승역까지만 하기로 하고 카드로 6유로를 결제했다.

역에서 가까운 호텔로 갔다. 눈에 보이는 아우리가 호텔에서 하룻밤 투숙하기로 하고 현찰로 130유로를 냈다. 402호실에 여장을 풀고 내려왔다. 두오모까지는 2.4Km다. 30여 분 걸어도 되겠지만, 햇살이 너무 뜨겁다. 기온이 34도라니 체감온도는 40도가 넘는 듯하다. 우선 걷다가 메트로를 타기로 하고 지하도로 들어가 9유로를 주고 하루이용권을 샀다.

지하철 옐로우라인을 타고 두오모까지 갔다. 지하도를 올라오니 웅장한 두오모의 자태가 위대했다. 이탈리아의 고딕 건축의 최고봉이다. 두오모는 135개의 첨탑과 2,245점의 조각상이 장식된 흰 대리석의 화려한 교회다. 가장 높은 첨탑에는 황금 마리아상도 있다. 1386년 밀라노 공작 갈리아어 비스콘티의 명에 의해 공사가 시작되어 500년 동안이나 걸려서 건설된 것이다. 광장 가운데에서 아들은 비둘기 먹이를 손에 놓고 사진을 찍었다. 옥수수 몇 알 손에 쥐어주며 촬영을 권하는 똥파리 같은 놈들에게 당했다. 40유

로를 요구했다. 순 날강도 같은 놈들이다. 두 놈이 서로 부추겨 20유로씩 뜯어 갔다. 아들이 무척이나 기대했던 밀라노의 꿈이 그렇게 깨졌다. 기분이 상해 관광이고 뭐고 호텔로 가 쉬겠다고 했다.

속상한 마음을 달래려고 현대미술관을 찾아갔지만, 월요일은 휴무라서 들어갈 수가 없었다. 우리는 점심을 먹기 위해 명품도시로 발걸음을 옮겼다. 명품을 진열해 놓은 건물들 사이 콘티카페레스토랑이 있다. 사람들이 많다. 들어가 스파게티를 시켰다. 맥주와 콜라, 디저트까지 곁들이니 78유로가 나왔다. 고급음식점이라 그런지 맛도 있고 정갈한 식당이다. 먹고 나와 호텔로 갔다. 들어가는 길에 손톱깎이를 사려고 중앙역 근처를 헤맸다. 역사 내부의 화장품 판매대에서 손톱깎이를 찾았다. '메이드 인 코리아' 다. 반가웠다. 13유로를 아낌없이 주고 샀다. 그간 손톱이 찢어지고 갈라져 두려웠다. 머리를 감다가 손톱에 머리칼이 끼기도 했다. 호텔로 돌아와 우선 손톱부터 깎고 샤워를 했다. 참고로 세계의 '손톱깎이' 판매 1위는 우리나라라고 한다.

잠시 쉬었다가 레오나르도 다빈치를 비롯한 거장들의 숨결이 배어 있는 고딕 양식의 결정판 두오모로 향했다. 밀라노 두오모는 규모가 크고 화려하며 장엄하다.

두오모 옆에는 비또리오 에마누엘 2세 회랑이 있다. 아치형의 유리지붕 건물은 십자가 모형으로 회랑 안에는 분위기 좋은 카페와 상점들이 즐비했고 관광객들로 붐볐다.

싼타페 마리아 델레그라찌에 교회, 레오나르도 다빈치 국립과학기술 박물관, 스포르째스꼬 성, 몬때 나뽈레오네 거리를 돌아 숙소로 왔

A VITTORIO EMANUELE II. I MILANESI
CAMPARI
CAMPARI

다. 너무 냉면이 먹고 싶어 한국식당을 찾아 나섰다. 아들이 핸드폰으로 검색해 그린라인 지하철을 타고 세 정거장 지나 내려 걸어 찾아 가니 꿈같이 그곳에 있었다. 냉면과 돼지고기 볶음을 시키고 소주도 한 병 마셨다. 소줏값이 12유로라고 했다. 물값까지 저녁 식사비로 55유로가 들었다.

식사하고 한국 식료품 파는 가게를 찾아 컵라면이나 사서 들어가기로 했다. 10여 분 걸어 찾아갔지만, 가는 날이 장날이라고 문이 닫혀 있었다. 호텔로비에서 커피를 마시고 물 1병을 사서 방으로 들어왔다. 커피 3유로씩 2잔, 물 1.2유로, 담배 6유로…. 내일의 일정을 검토한 후 잠을 청했다.

합의 일치

나는 급히 뛰었다. 아들은 라커룸 앞에 있었다.
10분 전에 짐을 찾았다.
그런데 기차는 올 시간이 넘었는데도 오지 않는다.
아들과 나는 내기를 했다. 20유로 걸었다.
어느 플랫폼인지 맞추는 내기다.

14

Nice 니스

도착 ; 2012. 06. 19(화) 프랑스 니스 빌 역 오후 14 : 03
출발 ; 2012. 06. 20(수) 프랑스 니스 빌 역 오전 07 : 55

<숙박>
6월19일부터 22일까지 3박 4일
니스 호텔 엠베사드 336유로

이탈리아 국경에서 프랑스 남부 해안의 뚤롱까지 이어지는 약 40km의 해안을 꼬뜨다쥐르(Cote d'Azur) 또는 프렌치 리비에라(French Riviera)라고 부른다. 18세기에 이곳은 영국이나 러시아 귀족들이 겨울이면 추위를 피해 찾아오던 휴양지였다. 지금 니스는 세계의 부자들이 다 모여드는 고급 휴양지로, 낭만을 찾아가는 신혼 여행지로 인기가 있다.

푸른 지중해와 운치 있는 좁은 골목길, 마티스, 샤갈, 부나르, 피카소, 시나크 등 유명한 화가들이 여생을 보내거나 즐겨 찾던 아름다운 풍광을 자랑하는 도시이다. 먼저 마세나 광장, 니스 해변 등을 둘러보고, 올리브 나무들이 줄지어 선 성터공원의 산책로를 걸어 보기로 했다.

내일은 모나코로 간다. 기차로 20분 거리에 있는 세계에서 두 번째로 작은 나라이다. 수려한 해안선과 온화한 날씨가 자랑이며, 카지노와 자동차 경주는 세계적으로 유명하다.

11시 50분에 왕궁 수비대 교대식이 펼쳐진다. 나폴레옹 박물관, 해양박물관, 모나코 항구와 몬테 칼롤로 해변, 왕궁, 모나코 성당, 그랑 카지노를 보기로 했다.

일찍 일어나 니스에 대해 자료를 찾아보았다. 일정을 당겨 포르투갈 리스본에도 가 볼 생각으로 책자를 살펴보았다. 일단 니스에서 일정을 하루 줄이고 그라나다에서 오후 열차로 세비야로 가 하루 자고, 그 다음 날 코로도바를 오전 중에 다녀와서 오후 세비야를 보고, 야간 열차로 리스본 아니면 마드리드로 갈까 생각 중이다.

아침을 간단히 먹었다. 호텔식이라 카푸치노 커피 1잔, 요구르트와

과일 몇 쪽 그리고 주스 1잔으로 끝냈다.

밀라노 역에서 기차가 오길 기다렸다. 21번인지 몇 번 플랫폼인지 모르지만, 그냥 21번에서 기다렸다. 그런데 피렌체에서 밀라노에 도착하자마자 좌석 예약이 잘못된 것을 알았다. 일등칸이 아닌 이등칸이며, 아들은 31번, 나는 86번으로 멀리 떨어져 앉게 되었다. 일등칸 승차권을 가지고 이등칸에 앉게 된 것이다. 내 옆자리는 모녀가 마주보고 앉아 있다. 짐을 꽤 큰 트렁크에 담아서 통행에 불편을 주었다. 어디선가 이상한 냄새가 났다. 아침은 잘 먹었는데, 냄새 탓에 속이 울렁거린다. 나는 창가의 바람 나오는 곳으로 얼굴을 돌렸다. 창밖은 우리 시골 풍경과 다를 바 없었다.

출발 후 두 정거장쯤 갔을 때, 중국인이 자기 자리라고 표를 보여준다. 일등칸으로 가라 하기에 자리를 찾아 앉았다. 한결 편했다. 옆엔 중년 신사 한 분이 책을 읽고 있었고, 앞엔 두 여인이 앉아 있었다. 나

이가 중후한 50대 후반쯤 돼 보였다. 암내 나는 곳에서 빠져 나오니 속이 한결 편해졌다. 일등칸은 이등칸보다 조용했다. 대부분 승객은 책을 보거나 신문을 보고 있었다. 가다보니 내 앞에 있는 중년의 여인과 노신사는 부부였다. 사탕을 주고받는 모습에서 읽을 수 있었다. 중년의 노신사 앞의 아주머니도 행색이 여행객이었다. 일본사람 같아 보였다. 유레일패스 시간표와 지도를 유심히 보고 있다.

같은 자리에 앉은 사람들이 먹는 분위기다. 나도 열차에서 받은 미니바 과자를 먹었다. 차창 밖 풍경은 산속에 있는 별장 같은 집들이 많다. 사진을 찍으려 했으나 너무 빨리 지나갔다. 내 오른편 두 번째 칸에 곱상하니 생긴 사람이 있어 유심히 살펴보았다. 어딘지 모르게 미국에 계신 형님과 이미지가 비슷했다. 한참을 보았다. 남자로만 알았는데, 그 사람이 일어나 화장실로 가는 모습에서 여자인줄 알았다. 어쩜 그렇게 형님을 닮았을까?

열차에서 리스본을 들어갈 일정을 조정해 봤다. 세비야에서 야간열차를 이용해서 리스본에 갔다가 마드리드로 가는 것이 좋을 듯 했다. 니스에서 쉬면서 다시 생각해보기로 했다.

제노바 역에 도착했을 때 아들이 와서 자기 앞에 자리가 비었다고 불렀다. 이어폰은 챙겼느냐 물었다. 이어폰을 호텔에 두고 온 모양이다.

아들의 옆자리에는 아기 엄마와 젊은 아가씨가 있다. 네댓 살쯤 돼 보이는 꼬

마는 인형처럼 귀여운 여자애였다. 쉴 새도 없이 자국어로 무슨 말인가 계속 중얼거린다. 아이 엄마는 간간이 조용히 하라고 주의를 주기도 했다. 이름을 물어보니 '사라' 라고 아이 엄마가 일러주었다.

기차는 방향을 바꾸어 풍광 좋은 바닷가로 달리고 있었다. 검표원이 와 표를 검사했다. 카트를 밀고 다니는 판매원에게 콜라를 주문했다. 귀여운 아이와 엄마 일행이 사보나 역에서 하차했다. 지중해 연안에는 벌써 해수욕을 즐기는 사람들과 일광욕을 즐기는 사람들이 많았다. 기차는 해안선을 따라 흘러갔다. 바닷속이 훤히 보이는 깨끗한 지중해였다. 파라솔 아래 쉬고 있는 사람, 스노우쿨링하는 사람, 물이 깨끗하여 뛰어들고 싶은 마음이 든다. 얼른 니스에서 수영하고 싶어 졌다. 아라시오 역에 가까워져 오자 안내 방송이 흘렀다. 방송하는 말은 입에 오토바이를 달았는지 엄청 빨랐다. 뭔 말인지 따라할 수도 알아들을 수도 없을 정도로 지나갔다.

벤타밍글리아 역에 도착했다. 점심을 먹을까 하여 카페에 들렀지만, 입맛이 당기지 않는다. 6유로를 주고 에너지 음료만 사서 마셨다.

기차가 1번 홈으로 들어왔다. 그러나 니스를 가는 기차인지는 알 수가 없어 주변의 승객에게 물었더니 니스를 간다고 한다. 얼른 올라타 일등석으로 갔다. 더웠다. 기차가 출발하기 시작하니 시원한 바람이 나온다. 아들은 메트로 신문

뒤에 있는 스도쿠 퍼즐을 풀기 시작했다. 옆자리에 앉은 흑인 여인이 유심히 글 쓰는 것을 쳐다본다. 한 친구는 전화를 요란스럽게 받는다. 아들은 사람을 쳐다본다고 내게 짜증을 낸다. 혼자 조용히 있고 싶은가 보다.

기차는 이탈리아 국경을 넘어 프랑스로 진입했다. 외교통상부에서 문자가 날아든다. 프랑스 해변에는 스킨스쿠버 하는 잠수부들이 많았다. 바닷물이 너무 맑다. 나는 스킨스쿠버를 손 놓은 지 오래됐다. 다시 하고 싶은 마음이 솟는다.

프랑스령에 들어서니 딱딱한 이탈리아어에서 부드러운 프랑스 언어로 바뀐다. 자리를 잠시 해안가가 잘 보이는 쪽으로 옮겼다. 해변이 아름다워 아이패드로 사진을 찍었다. 뒷좌석에 앉은 승객은 술에 취해 흥얼거리며 노래를 부른다. 다시 내 자리로 와 잠시 앉았는데, 승객들이 일어난다. '니스 빌 역이냐?' 고 물었더니, '그렇다.' 고 한다. 3시쯤 도착 예정이었는데 빨리 왔다. 2시 40분이다.

우린 걸어 장메드뎅 거리의 해변 쪽으로 향했다. 해변에 호텔 플라자가 있었다. 하룻밤에 400유로라고 한다. 너무 비싸다. 좀 더 내려가 안쪽에 있는 엠베사드 호텔이 있었다. 삼성급 호텔이다. 일본 사람으로 보이는 사람이 카운터에 앉아 있다. 친절하다. 하룻밤에 110유로씩 3일간 묵기로 했다. 아침은 없고, 텍스를 포함해서 336유로를 내기로 했다.

여장을 풀고 맥도날드를 찾아 점심을 먹었다. 16유로에 햄버거 2개, 콜라 2잔이다. 먹고 난 후 해변을 돌고 호텔에 왔다. 잠시 쉬었다가 해변으로 나가기로 했다. 해가 떨어진 후라서 한낮의 뜨거운 열기는 시들해져서 밖으로 나오니 선선했다. 해변을 따라 혼자 한바퀴 돌았다. 물과 콜라를 사서 숙소로 왔다.

다시 아들을 데리고 나가 해변을 걸었다. 해가 기울고 있었다. 바다로 흘러들어 가는 곳에 꽤 큰 물고기 떼가 얕은 물에서 놀고 있다. 내려가 잡아 보고 싶었다. 아직도 해변에서 수영을 즐기는 사람들이 있었다. 해변으로 내려가니 자잘한 몽돌 해변이다. 하얀 모래사장은 없었다. 단지 비치볼 경기장과 모래찜질할 수 있는 곳을 인위적으로 만들어 놨을 뿐, 온통 자갈밭이었다. 파도소리를 들으며 걷다 인도로 올라갔다. 아들과 해안선이 꺾인 곳까지 걸어갔다. 돌아가는 길에 번화가에서 한잔 할까 하다 상점에 들려 16유로를 주고 맥주와 과일, 물을 사 들고 들어왔다. 한잔 하고 바르셀로나 지도에서 한인 민박집을 찾아보았다. 아들은 다음 날은 칸이나 모나코로 가잔다. 내일 기차 예약을 하기로 하고 잠을 청했다.

Monaco 모나코

도착 : 2012. 06. 20(수) 모나코 몬테칼로 역 오전 08 : 19
출발 ; 2012. 06. 20(수) 모나코 몬테칼로 역 오후 16 : 12
도착 : 2012. 06. 20(수) 니스 빌 역 오후 16 : 34
출발 ; 2012. 06. 21(목) 니스 빌 역 오후 09 : 38

<숙박>
6월 22일부터 23일까지 1박 2일
몽펠리에 로얄호텔 90유로

15

나스에서 칸까지는 20여 분 걸린다. 모나코 공국도 역시 마찬가지다. 우리는 기차역에서 시간표를 보고 결정하기로 했다. 먼저 오는 기차로 칸이든 모나코든 가기로 했다. 모나코는 병역과 세금이 없는 나라다.

아들의 늦잠으로 일정에 차질이 생길 것 같다. 큰소리를 내며 깨워 움직였다. 나와는 너무 다른 아들을 이해해 보려고 노력해 본다.

나는 느림의 미학을 느낄 시간적 여유가 없나 보다. 무엇이 살게 만드는가? 무엇 때문에 사는가? 정답이 없는 인생살이에서 정답을 찾을 수는 없다.

내 생각에는 해가 뜨면 일어나 움직여야 하고 해가 지면 일과를 접고, 잠을 자야 하는 것이 바른 생활의 정답 같은데, 그것이 정답이 아닌 것 같다. 무엇을 위해 살아가는지 알 수도 없다. 나는 과연 어떠한 존재인가? 깊이 고민하지 않을 수 없었다. 나도 내가 누군지 모르겠다. 그냥 살아 있다. 그냥 살아간다. 무엇을 위해 사는 것도 없이 그냥 생명이 붙어있으니 사는 존재인가?

열심히 산 것 같은데, 돌아보면 내 인생은 어디에도 없다.

아들을 억지로 깨워 니스 빌 역까지 걸었다. 우선 22일의 바르셀로나 기차

좌석을 예약하기 위해 창구에 갔다. 22일 당일에는 기차가 없다. 마르세이를 거쳐 몽펠리에까지 가서 1박하고, 아침 일찍 몽펠리에에서 바르셀로나로 들어가야 할 것 같다. 아들과도 그렇게 하기로 하고 자리를 예약했다.

창구 아가씨는 호텔도 알아봐 주겠다며 호텔 사이트에서 알아본 금액을 알려주었다. 역 근처는 꽤 비쌌다. 역에서 좀 나가면 100유로 정도라고 알려 주었다.

일단 표를 받고 나와 10시 35분에 기차를 탔다. 기차는 2층 열차로 이탈리아행이었다. 기차 안은 시원했다. 해안선을 끼고 흐르는 열차는 우리에게 절경을 선사했다. 모나코에는 55분에 도착했다. 바티칸에 이어 두 번째로 작은 나라가 모나코 공국이다. 그러나 수려한 해안선과 온화한 날씨를 자랑한다. 카지노와 에프원 자동차 경주는 세계 최고이다.

왕궁을 향해 걷고 있는데 빗방울이 떨어지기 시작했다. 중간쯤에서 비도 피할 겸 음식점에서 피자를 먹었다. 모나코 날씨는 흐리고 비가 자주 내렸다. 왕궁 성터 밑에는 채소와 과일 시장이 섰다. 콜라와 피자 한판을 시켰다. 콜라가 먼저 나와 마셨다. 피자 한판을 반으로 나눠 두 접시에 나왔다. 가운데에 날달걀을 놓고 버섯을 뿌려 놓았다. 그런데 몹시 내 입엔 짜다.

모나코 몬테칼로 역은 산 중턱 동굴에서 에스컬레이터를 두 번이나 갈아타며 내려가야 한다. 왕궁과 성당 그리고 해양박물관을 돌아보고 내려왔다. 한참

항구를 바라다보았다. 정박해 있는 요트들이 한가롭게 보인다.

맥줏집 여주인은 온몸에 문신이 있어 거칠어 보였다. 가슴엔 바둑이 발자취를 남겨두었다. 종아리엔 문장과 장미꽃을 어깨와 팔뚝 등 문신을 안 한 곳이 없다.

아들은 인터넷 뉴스를 보고 지난주 독일에서는 나체로 오는 손님에게 무료로 상품을 준다는 광고를 했는데 무려 200명이 넘게 와 곤욕을 치렀다는 기사를 내게 읽어주었다.

그랑 카지노 광장 쪽으로 발길을 옮겼다. 그랑 카지노는 파리의 갸르니에 오페라를 설계한 샤를 갸르니에가 1878년에 만든 곳이다. 근사하게 지은 카지노 빌딩은 고풍스러운 모습이다. 한바퀴 돌아 니스 가는 열차를 타러 모나코 몬테칼로 역을 찾았다. 역은 시원했다. 산 중턱 동굴로 이루어져 에스컬레이터를 타고 올라갔다. 2시 40분 차를 기다렸다. 역 안은 돔 형태에 전등을 밝혀 두었다.

모나코를 떠나며 여운이 나를 잡아당긴다. 아예, 이곳에서 살아 보고 싶은 그런 생각이….

아담한 공화국이다. 그러나 산등성이까지 빌딩을 올려 번잡하게 보인다. 니스로 돌아왔다. 오후 3시다. 너무 덥다. 지중해 물에 몸을 담그고 싶다. 호텔로 와 잠시 낮잠을 즐기고 6시쯤 수영하러 나섰다. 바람이 몹시 분다. 파도도 높다. 그런데도 물이 너무 깨끗하다. 자갈밭이라 발바닥이 아팠다. 상의를 벗고 물속으로 뛰어들었다. 시원하다. 소금물이다. 짜다. 물을 뒤집어쓰고 나왔다. 바닷물기가 마르기 전에 옷을 입고 거리를 걸었다. 바지는 소금기가 배여 마르면서 빼덕빼덕하다. 주름이 가고 염분이 나와 하얘졌다. 종아리 부분에도 물기가 마르면서 염분이 생겼다. 옷도 말릴 겸 거리를 걸었다. 여전히 햇볕은 따가웠다. 한 바퀴 돌고 햄버거를 사 먹고 다시금 어제 걸었던 곳으로

소화도 시킬 겸 또 걸었다.

성터 계단을 중간쯤 걸어 올랐을 때 내려오던 외국인이 나를 부르는 것 같았다. 쳐다보니 문이 닫혀 더는 못 올라간다는 것이다. 다시 왔던 길로 내려왔다. 숙소로 돌아와 샤워하고 빨래도 했다. 트럼펫 소리와 기타, 콘트라베이스 등의 악기에서 나오는 굵은 음이 밖에서 들린다. 저녁 시간이다. 손님들에게 서비스로 재즈 음악을 들려주기도 하고, 길 가던 행인을 불러 모으기도 한다는 것이다. 어제 그 음식점에서도 연주하는 것을 보았다.

오늘은 모나코 몬테카를로를 잘 다녀왔다. 내일은 칸에 가기로 했다. 그곳은 프랑스 남부 지중해 연안으로 경치가 절경이라고 한다. 생각한다는 것, 상상만으로도 무척 즐거운 일이다.

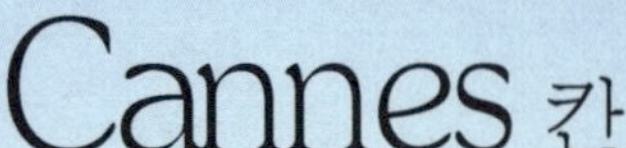

Cannes 칸

도착 ; 2012. 06. 21(목) 프랑스 칸 역 오전 10 : 18
출발 ; 2012. 06. 21(목) 프랑스 칸 역 오후 21 : 42
도착 ; 2012. 06. 21(목) 니스 빌 역 오후 22 : 20
출발 ; 2012. 06. 21(목) 니스 빌 역 오전 08 : 55

<숙박>
6월15일부터16일까지 1박 2일
베네치아 리알토호텔 160유로

16

칸은 니스와 더불어 꼬뜨다쥐르 지역의 대표적 휴양 도시다. 칸은 각종 국제회의가 열리는 도시로도 유명하다. 고운 모래가 깔린 해변, 푸른 바다에 점점이 떠 있는 하얀 요트, 거리 곳곳에 심어져 있는 종려나무는 이곳이 휴양도시임을 금방 각인시켜준다.

국제 영화인들의 무대, 칸. 레드 카펫을 밟지는 못 한다면 칸은 무엇일까? 나는 무엇을 거기에서 볼 것인가?

아들이 늦게 일어나 준비하다 보니 우리는 9시가 넘어서 출발했다. 니스 빌 역은 관광객들로 붐볐다. 9시 37분. 마침 칸으로 가는 기차가 있어 B번 플랫폼에서 탔다. 지저분하다. 2층의 중간 지대에 자리를 잡았다. 어제와는 반대 방향으로 기차는 간다. 니스 세인트 아구스틴 역에서 처음 섰다. 기찻길 옆은 주로 창고 및 물류센터들이 자리잡고 있었다.

기차 안은 낙서로 지저분하다. 전광판도 없고 기차역엔 그 다음 기차역이 어

딘지를 알려주는 표시가 안 되어 유심히 밖을 살펴야 했다. 물론 안내 방송에 귀를 기울이고 들었다. 매 순간 긴장의 끈을 놓을 수가 없었다. 이 기차는 어지간한 역은 방송도 하지 않았다. 알아서 보고 내리라는 심보였다.

기차가 서너 정거장 지나니 도심지를 벗어났다. 교외로 나가는 도로에는 차들이 줄지어 서 있다. 아마 길이 막히나 보다. 시간상으로 다 와 가는 것 같아 아들에게 내비게이션을 작동해보라고 했다. 몇 정거장 남았는지 알 수가 없었다.

기차가 비오트 역에 섰다. 승객들이 삼삼오오 기다리는 모습이 보인다. 기차가 출발하면서 안내 방송을 불어로 내보낸다. 도무지 알아들을 수가 없다. 기차가 열 정거장쯤 지나 해안선을 따라 흐르면서부터는 바깥의 풍광이 좋아지기 시작한다. 산등성이엔 그림 같은 집들도 보인다.

또 안내 방송이다. 칸이란다. 40여 분 만에 도착했다. 역에 내려 인포메이션데스크를 찾아갔다. 여행 지도를 얻고, 다니는 방법을 물었다. 그 지도를 들고 해안가를 찾았다. 가는 도중 인도 음식점이 보였다. 하지만 둘러만 보고 나중에 온다고 했다.

칸 해변은 모래사장이다. 일광욕하는 사람들이 많다. 성을 향해 걸었다. 국제영화제 시상식장이다. 사람들이 너도나도 레드카펫을 밟고 걸으며 사진을 찍는다. 칸에는 볼거리가 별로 없다. 태양이 너무 뜨거워 등이 따가웠다. 콜라를 사

마셨다. 그늘에서 한참 쉬었다.

체첸의 수도사와 성 안나를 기념하기 위해 12세기에 세운 성으로 올라가 6유로를 주고 박물관으로 들어갔다. 고대 선사 유물 전시와 유화 그림 몇 점이 전부였다. 학생은 무료다. 성의 탑에 올라 보니 칸이 한눈에 들어왔다. 하지만 6유로의 가치는 절경이었다. 칸은 정말로 아담한 항구도시다.

성을 내려와 인도 음식점에 들려 점심으로 25유로를 주고 치킨 탄두리를 먹었으나 맛이 없어 후회스러웠다.

역전으로 와 니스로 가는 테제베 기차를 타기로 했다. 1시쯤에 도착한 기차는 칸칸이 역무원이 검표했다. 우린 유레일패스를 보여주며 기차에 올랐다. '니스 가느냐?' 는 내 물음에 그렇다고 답했다. 역시 테제베다. 빠르다. 속도가 장난이 아니다. 이 속력이라면 20분이면 족히 도착하겠다. 아니나 다를까. 딱 두 번 서고 니스에 닿았다.

걸어 들어오며 호텔 근처 카페에서 5.5유로를 주고 커피와 콜라를 마셨다. 돌아오는 길에 차창 밖으로 스쳤던 전경들이 파노라마처럼 떠오른다.

길가 해변. 차를 몰고 가다 잠시 길가에 차를 세우고 지중해 푸른 바다에 몸을 적시고, 맑은 바닷물에서 물놀이 즐기거나, 일광욕 즐기는 사람들이 무척 평화롭게 보였다.

니스까지 왔는데 마티스 미술관을 가지 못해 후회스러웠다. 내일은 7시에 일어나 8시에 체크아웃하고 8시 30분까지는 역전에 도착해야 한다. 55분에 리옹 가는 기차를 타고, 도중에 마르세이에서 내려, 2~3시간 정도 주변을 둘러보고 다시 기차를 타고 몽펠리에에서 1박하고, 스페인 바르셀로나로 들어갈 예정이

다.

니스에서는 마지막 밤이다. 호텔에서 쉬다가 5시 반쯤 길을 나섰다. 호텔 지배인이 어디를 가든지 음악이 흐르는 저녁이라고 했다. 정말로 거리에는 노래를 부르는 사람, 춤을 추는 사람, 음악을 크게 틀어놓고 디제이를 보는 사람 등 여러 가지 사람들이 있었다.

한바퀴 돌고 나서 저녁 먹을 궁리부터 했다. 해물 스파게티와 등심 스테이크를 호텔 근처에서 먹었다. 와인과 맥주를 곁들이니 40유로가 나왔다. 한끼 식사가 6만원이다. 한국에 비해 무척 비싼 편이다.

호텔로 들어가는 길에 우리나라에서 맛볼 수 없는 과일과 맥주를 샀다. 15유로다. 내일은 몽펠리에까지 가야한다. 복숭아는 우리네 작은 단팥빵 같이 눌린 모양이다. 멜론은 깎아보니 속이 주황색이다. 생각보다 달고 맛있다. 또 하나는 배 같은데 물기가 전혀 없고 딱딱하다. 맛도 전혀 없다. 몇 점 먹다 그냥 버렸다. 배가 부르다. 일찍 자야겠다. 저녁 9시가 넘은 시간이지만 밖은 아주 훤하다. 음악 소리도 끝이 날 줄 모른다. TV에서 BBC방송을 보다가 나도 모르게 잠들었다. 한국 시각으로는 새벽 4시쯤이다.

17

Marseille & Montpellier

마르세이 & 몽펠리에

도착 : 2012. 06. 22(금) 마르세이 역 오후 23 : 39
출발 : 2012. 06. 22(금) 마르세이 역 오후 16 : 06
도착 : 2012. 06. 22(금) 몽펠리에 역 오후 18 : 14
출발 : 2012. 06. 23(토) 몽펠리에 역 오전 07 : 31 (463열차 좌석예약 20유로)

서둘러 일어났다. 새벽에 비가 좀 뿌렸는가 보다. 도로가 젖어 있고, 잔뜩 흐린 날씨다. 내가 먼저 씻고 아들이 일어나길 기다렸다. 짐을 챙기며 TV를 켰다. BBC방송이다. 서울 매립장에서 매립 가스를 활용하는 방법과 여수 엑스포에 관한 보도가 나왔다.

날씨를 방송한다. 프랑스 남부지방의 기온은 여전히 30도가 넘는다. 흐렸던 날이 점점 맑아지기 시작한다. 햇살이 뜨거워지기 전에 역으로 갔으면 좋겠는데, 아들의 느긋함으로 힘들 것 같다. 적어도 8시엔 체크아웃을 해야 여유가 있을 것 같다. 역에서 기차를 좀 기다렸다가 탔으면 좋겠는데…. 아들이 일어나 준비하는 사이에 체크아웃하러 내려갔다. 물 한 병 먹은 것까지 계산했다. 좀 야박하다는 생각이 들었다. 1박에 110유로면 조식까지는 줘야 하는데….

어제 왔던 길이 가장 빠른 길이라 생각하며 그 길을 따라 역에 왔다. 전광판을 쳐다보며 칸으로 가서 마르세이로 갈까 하다가, 8시 55분 기차를 타기로 했다. 전광판에 플랫폼이 떴다. A 플랫폼으로 들어가는데, 역무원 여럿이 검표한다. 유레일 표를 보여주고 기차를 탔다.

기차는 45분에 도착했다. 일등칸으로 갔다. 일등칸에는 사람이 없었다. 출발을 기다리는 중 한 사람이 탔다. 기차는 정확히 55분에 니스에서 출발했다. 일등칸에는 총 10명의 승객이 타고 있다. 두어 정거장 지나자, 기차는 해안선을 따라 달린다. 바다에는 큰 배와 요트들이 한가로이 떠있고 해변에는 아침부터 일광욕을 즐기는 사람들도 있다.

정착한 안티베스 역에는 '바라스' 라는 인도풍 무용수의 포스터와 니스 재즈 페스티벌 포스터가 벽에 붙어 있다. 창밖 풍경은 지중해 연안의 멋진 풍경들로 가득하다. 기차를 타고 여행한다는 것은 곧 즐거움이었다. 스치는 풍경 속에서 많은 것들을 생각하게 한다. 지중해 연안을 따라 흐르는 기차에는 권하고 싶은 그림이 많았다.

기차가 칸 역에 도착했다. 많은 사람이 탄다. 아침에 니스에서 생각했던 것이 오산이다. 만약 칸까지 가는 기차를 탔다면 후에 마르세이로 가는 기차를 타기가 어려웠을 것이다. 붉은 바위산 중턱은 우리 산동네와는 달리 정겹게 모여 있다.

기차가 달리는 각도에 따라 그림이 달리 보이는 바위산. 기차는 빠른 속력으로 달린다. 전형적인 시골풍경이다. 프랑스 남부지방이라 포도밭이 많이 보인다. 기차는 토울론 역에 정차했다. 몇 사람이 내리고 또 몇이 탔다. 하얀 바위산 중턱까지 그림 같은 집들이 옹기종기 모여 있다. 기차 안이 점점 추워진다. 에어컨 냉방 때문이다. 자체 조절 기능이 없는 모양이다. 소름이 돋았다.

오바니아 역에 도착하니 11시 39분이다. 기차는 더는 가질 않는다. 기차역을 나와 인포메이션데스크를 찾아가 물었다. 마르세이 가는 기차가 이 역에서 정차하는지를, 안내양은 오후 2시 7분에 있다며 컴퓨터 모니터를 보여준다. 한참을 기다려야 한다. 차라리 버스를 타고 마르세이 역으로 가는 것이 빠를 것 같다. 버스 타는 곳에서 노선표를 찾아보며 물었다. 안내인은 친절하게 버스 시간표를 보여주며 50분에 버스가 있으며, 100번 버스를 타야 하고, 요금은 기사에게 6.6유로 주면 된다 한다.

정류장에서 잠시 기다리니 버스가 들어온다. 네 정거장만 가면 된다. 기사에게 마르세이 기차역을 알려달라고 부탁했다. 우리는 마르세이 기차역에서 점심을 먹기로 했다. 버스 기사는 어린아이

처럼 스틱을 입에 물고 있다. 버스는 52분에 출발했다. 버스가 고속도로를 달려 역 근처에 도착하니, 12시 10분이다.

마르세이는 프랑스 남부의 해안 도시로 지중해를 맞대고 있는 프랑스 제2의 매력적인 도시다. 기차역에서 내려다보는 마르세이의 시가지 모습은 마치 높은 곳에서 내려다보는 느낌이다.

레 카페 바로크에서 콜라와 함께 샌드위치를 시켰다. 바깥 테이블에 앉았는데 그곳은 앉을 수 없다고 여종업원이 친절하게 알려주며, 내부 간이 테이블로 안내한다. 간단히 점심을 먹고 광장 쪽으로 가 분수대를 끼고 돌아 언덕으로 올라갔다.

언덕에 색소폰을 파는 악기점이 있다. 각종 악기가 즐비하다. 색소폰 가격이라도 알아보려고 문을 두드렸다. 그런데 닫혔있었다. 밖에서 눈으로만 살폈다.

기차역은 언덕 너머에 있었다. 역에 도착해 5.9유로를 주고 아이스티를 샀다. 맥도널드 의자에 앉아 마셨다. 몽펠리에까지 가는 기차는 4시에 있다. 라커룸에 짐을 잠시 보관하고 주위를 둘러보기로 했다. 8유로인데 라커룸의 보안이 철저했다.

아들이 여기서 기다린다기에, 화장실에 갔다가 혼자라도 한바퀴 돌기로 했다. 역 좌측으로 돌며 사진을 찍었다. 우측으로 돌아오는데 멋진 성당이 보인다. 그런데 그 성당이 지도에 나와 있지 않다. 내려가 사진촬영을 하는데 아들에게서 전화가 왔다. 2시 50분에 기차가 온다는 것이다.

나는 급히 뛰었다. 아들은 라커룸 앞에 있었다. 10분 전에 짐을 찾았다. 그런데 기차는 올 시간이 넘었는데도 오지 않는다. 아들과 나는 내기를 했다. 20유로 걸었다. 어느 플랫폼인지 맞추는 내기다. 우리가 타야 할 기차가 J 플랫폼에 도착한다. 4시 6분 발 몽펠리에행이다. 그래도 긴가민가하여 물어보고 확인하고 탔다. 우리가 탄 기차는 정확히 4시 6분에 출발했다.

앞자리에 앉은 두 여인은 50대 후반쯤으로 보인다. 그러나 상반된 모습이다. 한 사람은 서구적 모습에 인상 깊은 학자나 교수 타입이고, 다른 한 사람은 전형적인 동남아 스타일의 시골 아낙의 모습이다.

한동안 아이패드가 말썽을 부렸다. 자판을 두드리면 갑자기 글씨 크기가 커져 글을 쓸 수가 없다. 작게 할 수 없어 애먹었다. 혼자 몇 분을 씨름했는데 아들이 간단하게 원상태로 돌려준다. 이럴 땐 아들이 옆에 있어 참 다행이다. 기차는 6시 14분에 몽필리에 역에 닿았다. 우리는 역 근처에서 묵을 호텔부터 찾았다. 역에서 5분도 안 되는 거리에 있는 별 3개짜리 호텔이 있었다. 아침은 없지만 90유로에 하룻밤 머물기로 했다. 카드로 결제하려 했으나 아들이 현찰로 값을 치른다. 호텔은 고풍스럽고 깨끗하다. 화장실이나 욕조 또한 넓고 고급스럽다.

여장을 풀고 맥도날드로 가서 저녁 요기를 했다. 햄버거는 이젠 싫다. 20유로를 주고 샐러드 채소와 콜라를 시켜 먹고, 주변을 둘러보기 위해 역 반대편으로 트랩을 따라 걸어갔다. 오늘도 아들은 그냥 숙소로 들어갔다. 나 홀로 주변을 어슬렁거렸다. 한참을 걸어가다 안 되겠다 싶어 트랩을 타고 호텔 쪽으로 다시 돌아가기 위해 자동 발매기에 1.2유로 넣고 일회용 표를 발권했다. 트랩을 타고 역으로 다시 와 호텔 주변 광장을 걸었다.

광장에는 많은 사람이 모여 있다. 4명의 젊은 비보이들이 공연하고 있다. 공원 쪽으로 가다 보니 큰 나무에 4층으로 얼기설기 엮은 곳에 노숙자들이 쉬고 있다.

호텔로 들어가기 전에 입구에서 맥주 한잔을 했다. 호텔에서 독일과 그리스 축구경기를 봤다. 유로 2012년 8강전이다. 독일은 조별 예선에서 유일하게 3승을 거두고 8강에 올라왔다. 포르투갈, 네덜란드, 덴마크를 상대로 거둔 승리라는 점에서 우승후보다. 그리스는 모두가 탈락할 것으로 예상했는데, 러시아를 상대로 이겨 8강 진출에 성공한 팀이다. 역시 4대 1로 그리스는 독일에 졌다. 축구 관중의 응원 열기는 대단하다. 축구도 끝났다. 내일 아침 7시 반 기차를 타야 한다. 일찍 잠을 청했다.

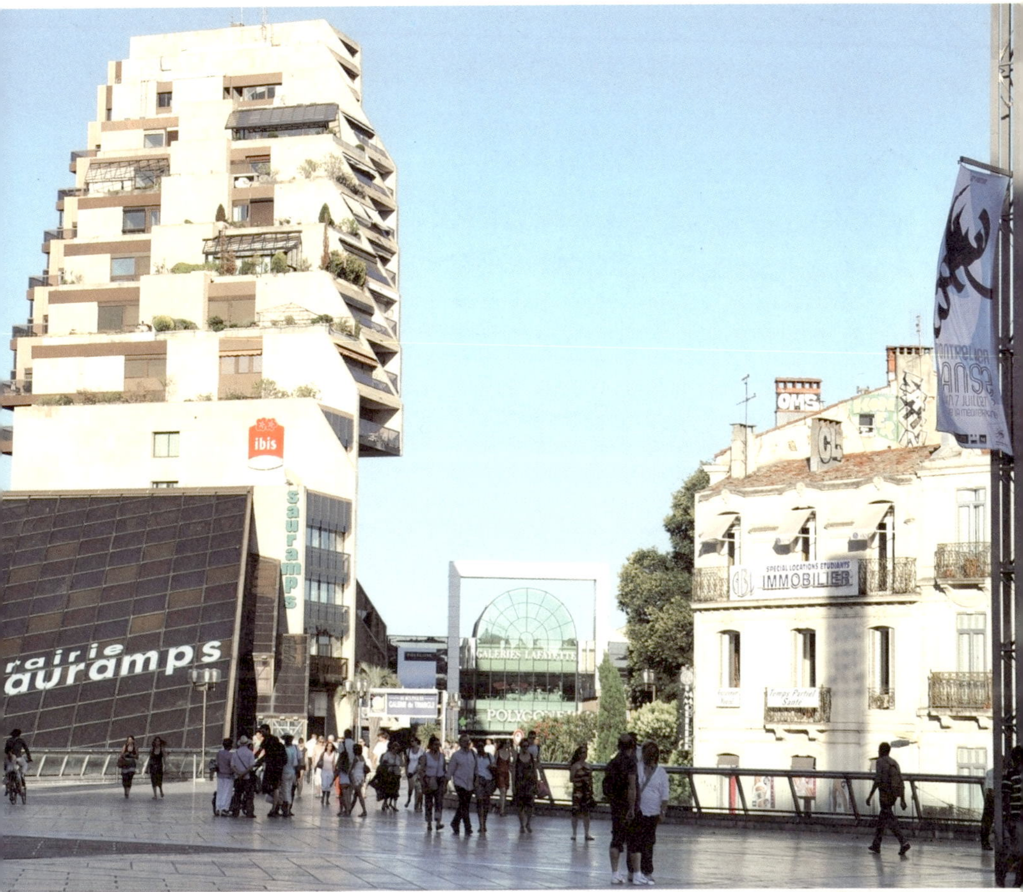
ibis
sauramps
rairie
auramps
OMS
SPECIAL LOCATIONS ETUDIANTS
IMMOBILIER
GALERIES LAFAYETTE

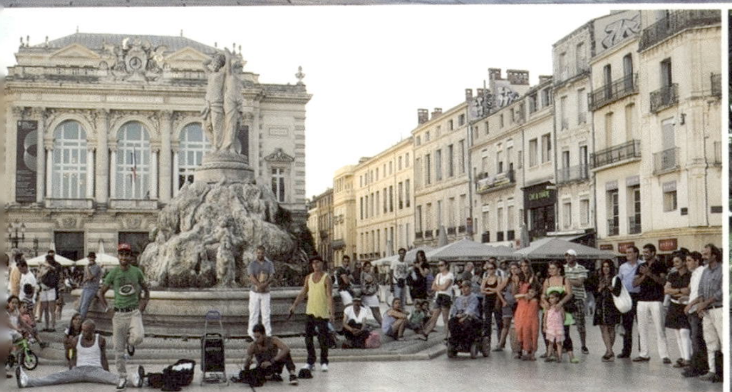

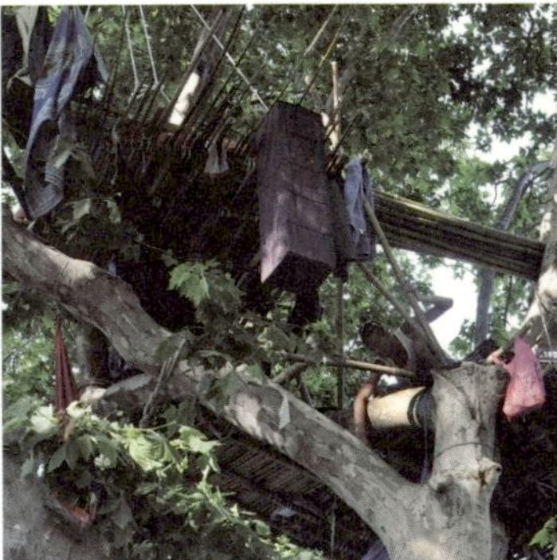

1 14 14 4
11 7 6 9
8 10 10 5
13 2 3 15

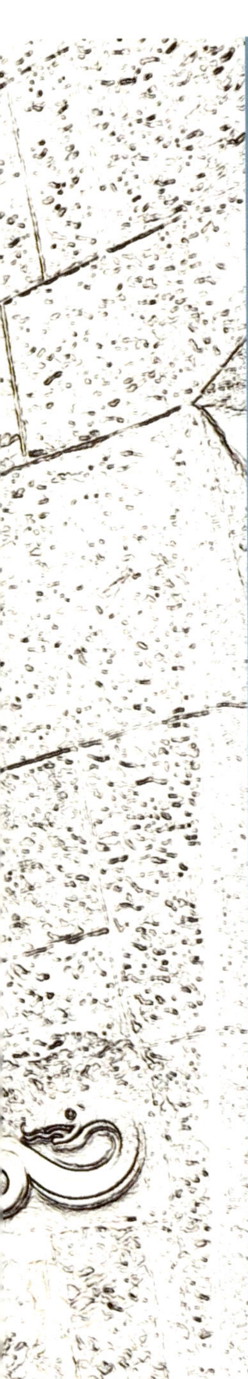

수긍

새벽이다. 이런저런 생각에 잠이 오지 않는다.
20일간 아들하고 같은 시각에,
같은 공간에서 늘 붙어있으니 무언가 알 것 같다.
아들의 습성, 생각, 장단점이 보인다.
부모와 자식의 관계는 끊을 수 없는 관계다.

Barcelona 바르셀로나

도착 : 2012. 06. 23(토) 바르셀로나 산츠 역 오전 11 : 48
출발 : 2012. 06. 26(화) 바르셀로나 산츠 역 오후 21 : 30 (야간열차 침대 예약 117유로)

〈숙박〉
6월 23일부터 25일까지 3박 4일
바르셀로나 호텔 산츠 300유로

새벽이다. 이런저런 생각에 잠이 오지 않는다. 20일간 아들하고 같은 시각에, 같은 공간에서 늘 붙어있으니 무언가 알 것 같다. 아들의 습성, 생각, 장단점이 보인다. 부모와 자식의 관계는 끊을 수 없는 관계다. 그래서 가끔은 속이 뒤집혀도 자식은 역시 자식이다. 자식 자랑은 팔불출이라 하고, 자식 험담은 집안 망신이라 함구하기 마련이다. 어느 가정이든 자식으로 속 썩지 않는 집은 없을 것이다. 자식 때문에 벌어지는 일이 어찌 한두 가지이겠는가?

대부분 자식은 아비가 하지 말라면 더 한다. 공부하라면 공부와 담을 쌓고, 담배 좀 피우지 말라면 더 담배를 피워 대며, 반항하는 것이다. 부모와 자식 간이 친한 사이임에도, 자식의 눈에는 군림과 지배, 권위와 복종을 강요하는 것으로 오해한다. 그럴 때 자식은 반항적이고, 튕겨 나가려고 한다.

돌아보면 나도 늘 그랬다. 아들이 하고 싶다고 하면 하라고만은 할 수 없는

노릇이다. 물론 제 갈 길을 가겠지만 늘 불안하고 안심이 되지 않는다. 아들은 하라는 공부보다는 어떻게 하면 돈을 많이 벌까? 어떤 사업을 하면 좋을까? 술집, 피시방, 카페 등등. 하찮은 공상에 젖어있다. 속 터질 일이다. 남들처럼 공부나 착실하게 해서 졸업하면 좋으련만…. 군대도 갔다 왔으니 이젠 정신 차리고 학업에 정진하고 좀 더 비전 있는 꿈을 가지고 노력하길 바라는 부모의 마음은 아랑곳하지 않는다. 자기가 하고 싶은 가게를 차려 돈 많이 벌고 싶은 생각뿐인 아들을 보니 힘든 20대를 보내는 것 같다. 돈을 벌기 위해서는 경영수업도 받고, 자기 전공이나 기술부터 연마부터 해야 하는 데, 되지도 않을 로또 당첨이나 바라고 있다. 요즘 외국에 나와서도 유로밀리언 복권을 사대는 아들을 보면 한심하기 짝이 없다. 마음이 아프다.

착실히 영어공부라도 좀 하고 오라고 사춘기 반항하던 시절에는 필리핀 유학까지 보냈다. 그러나 헛수고였다. 공부는커녕 그곳에서도 사고만 치다가 1

년 만에 되돌아와 왔다. 하기 싫은 공부를 억지로 하려니 저도 골머리가 아픈 것이다. 부모는 그래도 졸업은 해야 한다고 강조하지만, 아들은 이 사회에 필요한 지식이나 처신을 자기 방식대로 습득하겠단다.

자식이 크면 클수록 두려운 존재가 된다. 부모는 자식의 거울이라 부모가 올바르게 행해야 한다. 그렇지 않으면 훈계해도 먹히지 않는다. 대들면서 '내게 뭐 해 준 것이 있냐' 오히려 반박한다. 그렇다고 두들겨 팰 수도 없는 노릇이다. 아들 말대로 누워 침 뱉는 격일 줄도 모른다. 자식 험담은 좋은 현상은 아니다. 잘 낫든 못 낫든 내 자식은 바로 나 자신이다.

근 20여 일 동안 함께 여행하면서 서로 인격체로 인정해주었다. 가끔은 아들의 취향과 달라 속이 상하기도 했지만, 조금씩 변화가 있다는 것만은 사실이다.

날이 밝았다. 일어나 먼저 씻고 아들을 깨웠다. 7시 10분 전이다. 나는 급하지만, 아들은 언제나 느긋하게 움직인다. 불같은 성격과 느릿느릿한 아들과는 성격부

터 맞지 않는다. 재촉하여 7시 10분에 호텔을 빠져나왔다.

서둘러 역으로 와 전광판을 확인하고, F 플랫폼으로 뛰었다. 다행히 기차는 대기 중이었다. 첫째 칸 8번 B, C좌석이다. 기차는 정확히 31분에 출발했다. 기차가 출발한다는 안내 방송이 들린다. 부드러운 프랑스어에서 스페인어로 바뀌었다. 어감이 딱딱 부러지고, 딱딱한 느낌이다.

우리가 앉은 자리는 출구 쪽이라 들고나는 사람들이 많다. 기차 내부가 깔끔하지도 않다. 몇 분 안 되었는데 기차는 해안선을 따라 달리고 있다. 푸른 지중해다. 베찌에르 역을 지날 때는 멋진 옛 성채가 보였다. 안내 방송은 늘 프랑스어부터 하고 스페인어로 알려준다. 이곳은 아직도 프랑스령이다.

우리 뒤에 앉은 승객은 떠들어대며 웃어댄다. 무슨 게임을 하는 지, 서로 주고받는 말에 농조가 많이 섞여 있다. 웃음바다다. 프랑스인들의 농담은 경쾌하다.

나르보네 역이다. 실내가 점점 추워진다. 냉방이 지나치게 잘 되어도 좋지는 않다. 햇살이 그립다. 저체온증 방지를 위해 잔뜩 몸을 움츠렸다. 차창 밖으로는 공동묘지도 지나고, 말들이 있는 넓은 초원과 포도밭도 지나쳤다. 또 비행기 격납고도 보인다. 여러 대의 경량기가 있다. 기차는 이런저런 풍광을 무시하고 그저 달릴 뿐이다.

기차가 켈베르 세르베라 역에 도착했다. 경찰 서너 명이 올라타 승객을 살핀다. 지체하는 시간이 길어졌다. 현상수배령이 떨어졌나? 애연가들은 그 틈에 담배를 피워댔다. 아들도 그곳에 있었다.

프랑스에서 스페인으로 들어가는 길목이다. 국경지대라서 그랬나 보다. 검문검색이 끝났다. 역무원이 부는 호루라기 소리가 들린다. 기차가 출발한다는 신호였다. 기차는 미끄러지듯 출발했다. 드디어 스페인이다. 기차가 보르보 역에 정차했다. 여권검사를 했다.

철길 옆에 자리하고 있는 보수공사 중인 오래된 성당이 보인다. 기차가 한참 동안 정차한다. 드디어 기관사가 기관실로 들어가더니 스위치를 올린다. 기차가 출발한다. 기차 안에는 판매원이 없다. 물을 사려고 해도 살 수 없다.

스쳐 지나가는 돌산에는 고목들이 없는 잔잔한 숲이다. 앞으로 한 시간 반쯤 가면 스페인의 바르셀로나다. 스페인 피게레스 역의 넓은 해바라기 꽃밭이 환상적이다.

고흐의 정열적인 '해바라기 꽃' 그림이 생각났다. 그리고 늘 사랑하고 축복한다는 아내도 문득 생각난다. 내게 참으로 소중한 아내다. 나의 동지요 일평생 함께 할 짝이다. 그런 아내에게 기쁨이 되어야 할 텐데, 나는 늘 속만 썩인 것 같아 미안하다. 나는 아내 덕에 이렇게 좋은 여행도 하는 중이다. 나는 참 행복하다. 하지만 내 짝에게 미안했다.

아내는 아들과의 관계개선 및 좋은 아빠, 멋진 아빠로 돌아오기를 바란다며 우리에게 유럽 여행을 권했다. 아내는 아들과 내가 다른 점들을 서로 찾고, 인정할 것은 서로 인정하는 그런 시간을 이번 여행을 통해 갖길 원했다. 그래서 기꺼이 우리 둘의 여행을 승낙한 것이다.

나 역시 아들에게 잘하고 싶다. 문제는 서로가 고집을 꺾지 못 하는 데 있다. 아비는 아들을 이해하고 아들은 아버지의 처지를 생각해 주면 좋으련만 우리는 그렇지 못했다. 그저 사소한 것으로도 반목하고 대립하며 속상해 하는 우리다. 물론 아들이 내 생각대로 잘 자라기만은 기대할 수가 없다. 지켜봐야 할 뿐 더는 어떻게 해 줄 수 없다.

자기 인생은 자기가 책임져야 하기에 아비는 그저 바른길을 잘 택할 수 있게 조언할 뿐이다. 그러나 아들은 그러한 조언조차 무시하기 일쑤다. 자기 멋대로 한다. 그래서 갈등과 대립은 시작되고, 언성이 높아지고 심지어는 집을 뛰쳐나가는 초유의 사태까지 발생했었다. 별것도 아닌 것 때문에 가정이 흔들리고 불행한 사태까지 오는 것이다. 때론 친구와 같이 때론 형처럼 거리를 좁히며 다가갔다. 방어벽을 높게 쌓고 있는 아들과 대화가 안 되는 것이 보통이다.

자식교육엔 해법이 없다고 한다. 누구나 자기 자식만 잘되길 바라는 세상에서는 더욱 정답이 없다. 하고 싶은 것 맘대로 하며 살게 내버려 둘 수도 없다. 그냥 하나의 인격체로 봐줘야 그나마 철이 들면서 자신을 찾는 것이다.

통제하고 구속해서 오히려 자식을 망칠 수도 있다. 돌아 보건대, 나 역시 어쩔 수 없는 그런 부류의 부모였다. 이유야 물론 자식 잘되기를 바라는 마음에서였지만, 아들은 그런 맘을 알아주지 않았다. 자기가 하고 싶은 대로 하면서 자꾸만 삐뚤어지기 시작한 것이다. 그뿐이다.

이번 여행을 통해 어느 정도 부자간의 간격을 좁혀 서로의 입장을 이해하길 기대해본다. 아내는 내게 무조건 아들의 입장에서 보라고 한다. 아들은 고소공포증, 공황장애, 대인기피증 같은 정신질환을 앓고 있다. 어떻게 이런 일이 우리 가정에 왔는지, 그저 황당할 뿐이다. 하지만 어쩔 수 없이 받아들이기로 했다.

아들은 사고가 남과 달라 이상하기는 하지만, 다른 각도에서 보면 올바른 생각이다. 또한 문제를 자기 스스로 해결하려는 노력과 남에게 피해 주지 않으려는 태도는 훌

륭하고 가상하다. 그렇지만 모르는 것은 물어서라도 문제를 해결해야 하는데, 묻는 것조차 남에게 피해를 주는 일이라 생각하니 그것이 문제다. 또한, 사람을 쳐다보는 것도 일을 만든다고 생각하는 것이다. 그래서 남을 똑바로 바라보지 않는다. 아들의 이런 성격이 부모로선 못마땅하지만, 미우나 고우나 내 자식인 걸 어찌하겠는가. 이런저런 생각을 하는 중에 기차는 어느새 종착역에 다가왔다.

안내 방송이 흘렀다. 아, 바르셀로나. 지하도로 들어섰다. 12시가 다 되어 도착했다. 우선 호텔을 찾았다. 그런데 호텔은 바로 역사 내에 있었다. 전면에서 위를 보니 역사 위 건물이다. 2층으로 가서 방을 예약했다. 하룻밤 머무는데 100유로라고 한다.

카드로 300유로를 결제하고 인포메이션데스크를 찾아 스페인 일정 기차를 모두 예약했다. 그라나다 야간열차가 116유로, 세비야 가는 기차 좌석이 8유로, 코로도바 역까지 가는 아베열차는 48유로, 마드리드로 입성하는 아베열차 48유로 하여 모두 220유로가 나왔다.

역 앞으로 나와 점심을 먹고 난 후, 걸어서 카탈루냐 미술관으로 갔다. 입장

료는 20유로다. 중세 성화에서부터 현대에 이르기까지 카탈루냐 예술을 한눈에 볼 수 있게 전시되어 있다. 중세 카탈루냐 지방에서 발달한 로마네스크 미술이나 교회 천정이나 측면에 그려져 있던 벽화를 원래 모습 그대로 복원해 전시하고 있다.

그중 피레네 산맥에 있는 작은 산간마을 타우의 산 클레멘테 성당에서 가져온 벽화 '전능한 그리스도'는 수작이다. 로마네스크 예술, 고딕 예술품, 르네상

스와 바로크 예술품, 현대예술, 드로잉, 포스트, 도자기는 물론 옛날 화폐부터 유로화까지 전시되어 있다. 전시품이 너무 많아서 주마간산 격으로 보고 나왔다.

라면이 먹고 싶었다. 한국 식료품 가게를 찾았다. 20유로에 컵라면, 소주, 햇반 등 다양하게 샀다. 6시쯤 호텔로 돌아왔다. 잠깐 쉬었다가, 컵라면에 햇반으로 저녁을 먹었다. 아들은 군대에서 했다며 햇반을 비닐봉지에 넣고는 드라이기로 열을 가했다. 나는 포트에 올려놓고 증기로 익히기로 했다. 그러나 우리는 모두 실패했다. 그냥 라면 국물에 넣어 먹기로 했다. 모처럼 먹는 라면이라 꿀맛이다. 거기에 소주 한잔까지 곁들였다.

아들은 결벽증 같은 것이 있다. 지저분한 것을 못 본다. 남이 쓰던 물건도 안 쓴다. 자기만 사랑하기에 멋을 잘 부리고 자신의 가치를 높이려고 애쓴다. 옆에서 보면 쥐뿔도 없으면서 개폼은 다 잡는다. 피지 말라는 담배는 주야장천 피워댄다. 그래도 아들은 지도를 잘 본다. 방향을 잘 잡아 정확하게 찾아간다. 아들의 장점이다. 게다가 멋도 좀 안다. 패션 감각이 있다. 오죽하면 외국인이 아들을 촬영하기도 했다.

호텔서 축구를 봤다. 프랑스와 스페인의 결전이다. 거리는 축구를 시작도 하지 않았는데 응원단들이 거리 곳곳에서 아우성이다. 스페인은 피파 랭킹 1위인 '무적함대' 팀이고, 프랑스는 14위다. 1대 0으로 스페인이 이기고 있는 전반전 20분쯤에 나도 모르게 잠이 들었다.

어머니 어디 계셔요
꿈속이라도 한 번도 안 보이셔요
왜 그리도 일찍 떠나셨나요
어머니가 떠난 후에야
이 못난 자식은 이제서야
어머니의 사랑을
어머니의 빈자리가
너무도 크다는 걸 느낍니다

어머니 너무도 힘듭니다
말 안 듣는 자식
속썩이는 자식들을 어찌 키우셨어요
어머니 그리운 나의 어머니

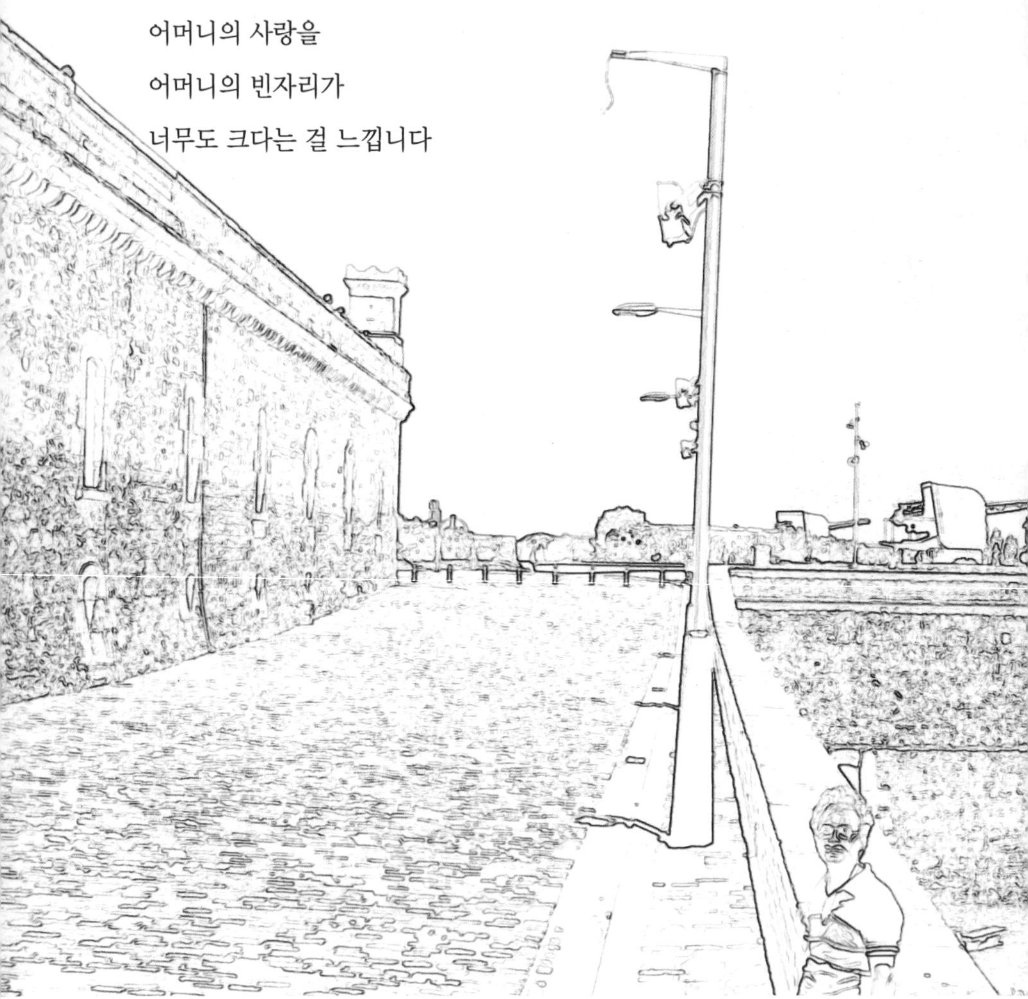

눈물로 당신을 그려봅니다
당신이 주신 기름은 점점 줄어만 갑니다
어머니 사랑합니다
꿈속이라도 나타나
제 갈길을 인도 해 주세요
그리운 나의 어머니
눈물로 당신을 그려 봅니다
아직 어머니께 해드릴 것도 많은
자식은 눈물만 흘립니다
어머니의 고생
어머니의 헌신
생각만 하여도 눈물입니다
사랑하는 나의 어머니
보고 싶습니다
꿈속이라도 나타나
웃어 주세요
야단쳐 주세요
괜찮다고 말해주세요
위로해 주세요
어머니의 역정이 그립습니다
어머니 그 멀고도 먼 길을
왜 그리도 빨리 가셨나요
어머니의 사랑을 그려봅니다
새벽 남모르게 눈물로 그려봅니다

－〈그리운 어머니〉 전문－

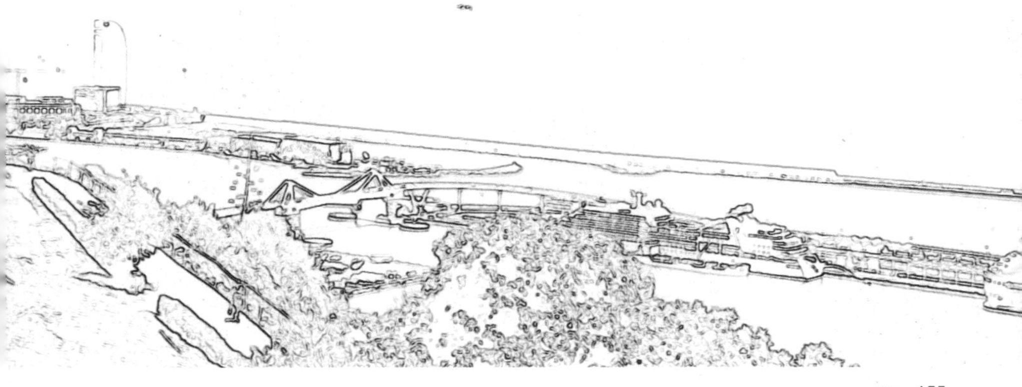

19

Sagrada Familia

사그라다 파밀리아 성당

<숙박>
6월23일부터 25일까지 3박 4일
바르셀로나 호텔 산츠 300유로

아, 가우디
자연에는 직선이
존재하지 않는다고
지극히 자연을 닮은
성당에는 나뭇잎과 줄기가
자연 채광에 잘 자라난 모습
옥수수 모양의 탑 파사드
자연으로부터 받은 영감
위대하도다 가우디여
바르셀로나를 대표하는 건축물
사그라다 파밀리아 성당
그 하나로 충분한
다른 건축물이
눈에 안 들어 오는
가우디 건축물 앞에서
눈과 입을 열리게 하네

– 〈사그라다 파밀리아 성당〉 전문 –

해가 중천으로 떠올랐다. 아들은 일어날 생각도 않고 잠만 잔다. 호텔 시설이 매우 좋다. 뜨거운 물에 햇반도 충분히 익을 것 같다. 샤워기로 뜨거운 물을 틀어 햇반을 뜨거운 물에 담갔다. 아들은 잠만 잔다. 얼른 일어나서 이곳저곳을 둘러보면 좋으련만, 먼 외국까지 와서 잠만 자는 아들이 한심하게 보인다.

TV를 켜고 뉴스를 봤다. 어제 경기가 궁금했다. 역시 2대 0으로 스페인이 승리했다. 어젯밤 꿈에 어머니와 아버지께서 살아나셨다. 나는 사과를 갈아 드린다고 분주했다. 꿈은 꿈이었다.

아침이나 먹을까 하여 뜨거운 물에 담그던 햇반을 살폈다. 실패다. 생각했던 효과는 없었다. 뜨거운 증기가 필요하다. 다시 포트에 올려 수건으로 감싸고 물을 끓였다. 일부만 익었다.

마침 아들이 일어났다. 신발 신고 샤워실에 들어가며 지저분하다고 야단이다. 아침을 먹기 위해 준비했다. 아침을 먹고 나니 9시 반이다. 날은 아침부터 무척 더웠다. 일요일이라 거리는 한산했다.

지하철 표를 4유로 주고 두 장을 사 바르셀로나의 상징인 가우디의 미완성 대작인 사그라다 파밀리아 성당으로 갔다. 지하철 5호선을 타고 역에서 내려 걸어갔다. 입구부터 사람들이 줄을 섰다.

1882년 프란시스코 데 비야르가 계획하고 다음 해에 가우디가 인수받아 성당 건립에 심혈을 기울인 대작이다. 26유로 주고 들어가 보니 입이 쩍 벌어졌다. 기둥과 자연채광, 라틴 십자형이 교차하는 구성에 웅장하고 으리으리한 성당이다. 바깥쪽에는 그리스도의 탄생, 수난, 영광이라는 주제로 장식했고 12개의 종탑을 세워 열두 제자를 나타냈다고 한다. 가우디가 생전에 완성한 것은 지하 성당과 그리스도의 탄생을 정면에 장식한 것뿐이다.

지하 성당은 비야르의 설계를 바탕으로 한 고딕 양식이지

BASÍLICA DE LA
SAGRADA FAMÍLIA
26,00€
Pax: 2
ENTRADA AL TEMPLE

만, 탄생의 전면 장식은 자연주의적인 조각으로 장식되어 있다. 아직도 건설 중인 성당은 가우디가 말한 대로 완성되는 날이 언제인지는 하나님만이 알고 계실 것이다. 이 작품의 주인인 하나님이 서두르지 않기 때문이다.

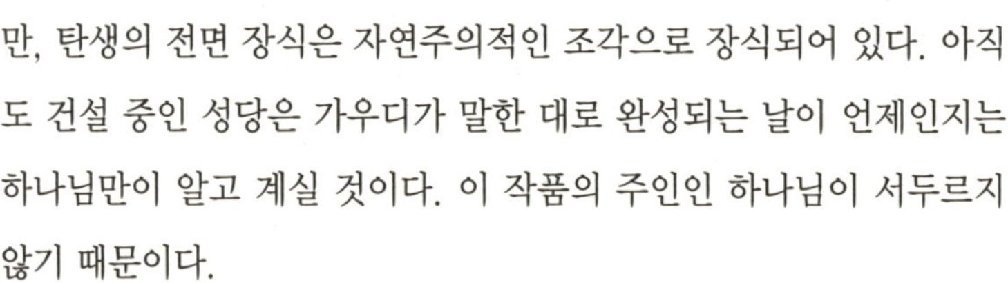

대작을 둘러보고 지하철 3호선을 타고 디아고닐 역에 내려 카사말라로 향했다. 가우디가 건축한 고품격의 맨션이다. 그러하나 거리를 쭉 걸어 내려가며 카탈루냐 광장을 거쳐 카사칼베트 대성당, 카탈루냐 음악당, 산타 마리아 델 마르 성당, 레이알 광장까지 걸어갔다. 카테드랄 광장 앞에 이르자 사람들이 모여 민속춤 '사르다나'를 추고 있다. 모두 흥겨워하며 춤을 춘다.

13세기에서 15세기 건축물이 늘어선 고딕지구와 카탈루냐 광장에서 바다를 향해 뻗어 있는 람블라스 거리를 아들과 걸었다. 아들은 내가 생각 없이 말을 한다고 핀잔을 준다. 말할 때 귀 기울여 듣고 생각하고 행동하라고 충고한다. 아내도 그런 말을 한 적이 있다. 정말 생각 없이 살아온 것 같다. 아니 생각 없이 살아간다. 그냥 열심히 사는 것 같은데 생각 없이 사는 것이다.

호텔을 나설 때 지도를 미처 챙기지 못해 계획 없이 움직일 것 같다. 인포메이션데스크를 찾아 여행 지도를 얻었다. 우선 아쉬운 대로 지도를 보며 이동했다. 사그라다 파밀리아 성당을 본 후로 다른 것은 눈에 들어오지 않는다. 레이알 광장까지 갔지만 바로 옆에 있는 구엘 저택은 보지 못했다. 시우타데야 공원까지 갔지만, 흰색 고릴라가 있다는 동물원도 들어가지 않았다. 레이알 광장까지 걸어가며 가우디의 첫 작품 가로등을 보았다.

산 파우병원까지 걸어가 근처 한국 식당 서울정에서 점심 겸 저녁을 먹었다. 된장찌개에 돼지불고기와 맥주를 먹고 40유로를 냈다. 서울정 여사장은 이곳에 온 지 27년 되었다고 한다. 수원에서 왔으며, 남편이 수원, 용인사람이란다. 동향인 사람을 만나서 반가웠다. 팔달공원과 신갈 상갈리를 이야기했다. 커피를 서비스로 내준다.

우리는 지하철을 타고 호텔로 다시 돌아왔다. 아들과 오늘 돌아다닌 곳을 지도와 책에 표시했다. 나는 반바지와 상의를 빨았다. 내일은 해양박물관, 구엘 별장, 구엘 공원으로 가기로 했다.

Parc Guell

구엘 별장과 공원

<숙박>
6월23일부터 25일까지 3박 4일
바르셀로나 호텔 산츠 300유로

20

어젯밤에는 아들과 나는 영국과 이탈리아의 유로 2012 축구경기에 빠졌다. 흥미진진한 경기였다. 연장전까지 갔지만, 무승부라서 승부차기에 들어갔다. 결국, 이탈리아가 승리했다. 축구경기를 보는 도중에 아들은 비빔냉면을 조리하더니 혼자 먹었다. '드셔보라' 는 빈말이라도 했다면 그냥 넘어가려 했는데, 아무리 생각해도 괘씸하다. 그래서 한 소리했더니 또 잔소리한다고 토라졌다.

자리에 누워 잠을 자기에 '안녕히 주무세요' 라 인사하고, 덧붙여 들고 나갈 때도 꼭 인사를 하는 것이라고 충고했지만 통하지 않는다. 군대까지도 갔다 왔으니 알아서 할 줄 알았는데, 그러지 못하니 화가 치민다.

어떤 때는 내 아들이 맞는지 의문까지 간다. 내 아들이지만 내가 봐도 소갈머리가 없다. 화가 나서 '이다음에 너도 자식 낳아 나처럼 속 썩어 봐야 지금 심정 알 거야' 라고 막말을 했지만, 듣는 척도 안 한다. '너무 많은 걸 자기에게 바라지 말라' 며 오히려 큰소리다. 그래도 '아들 잘 자' 하며 내가 먼저 인사를 건넸건만 아무런 대꾸도 없다. 내일은 아들이 일어날 때까지 나도 자리에 누워 있어 봐야겠다.

사실 나는 해가 중천에 뜨면 불안하다. 웬일인지 뒤지는 것 같고, 특별하게 할 일이 없어도 일어나서 움직여야 직성이 풀린다. 아들은 야행성이다. 낮에는 자고 밤에만 움직인다. 집에 있을 때, 오밤중에 방구석에서 무얼 하는지 도대체 알 수가 없다. 그래도 자기가 할 일은 알아서 하겠지 하며 내버려두지만, 마음에 들지 않는다.

여행 20일째가 넘어가니까, 아들은 지루하다는 눈치다. 군대에서 전역에서 앞두고 기다리는 것처럼 하루하루가 3년처럼 느껴진다며 얼른 집으로 가고 싶어 했다. 그러다 보니 보는 것도 대충대충 건성이고, 어떤 때는 아예 나가기 싫다며 호텔에서 나오지도 않았다. 외국으로 여행까지 와 빈둥빈둥 지내니 열불이 난다.

나는 서둘러 다니자 하고, 아들은 쉬엄쉬엄 다니자는 태도다. 아내가 아들과의 관계를 좁혀 보라며 기꺼이 보내 준 유럽여행인데, 아들과 이렇게 입장이 서로 다르니 문제다. 내일 아침에는 아들이 나를 깨울 때까지 자기로 마음먹었다.

아침이다. 9시가 넘었지만, 아들이 일어나지 않는다. 참다못한 나는 먼저 씻고 호텔을 나섰다. 주변을 한바퀴 돌고 맥도널드로 가서 햄버거를 8유로 주고 사서 들어왔다. 그때까지도 아들은 일어나지 않았다. 화난다. 고맙다는 인사를 하기는커녕 불만이다. 내가 나갈 때 TV를 켜놓고 나가서 일부러 일어나지 않았다며 염장을 지른다. 그라나다에서는 방을 따로 잡자는 둥, 자식이지만 부아가 치민다. X만도 못한 자식이라는 생각마저 든다. 하는 짓거리가 게을러터져서 해가 중천에 떴는데도 움직일 생각을 안 하니 정말 답답했다.

일어나서도 씻을 생각은 하지도 않고 핸드폰으로 문자만 날리고 있다. 그뿐만 아니라, 샤워하려 들어가서는 담배를 피워댄다. 도대체 몇 갑이나 피냐 했더니, 하루에 한 갑씩은 핀다고 당당하게 말한다. 한심한 자식, 담배 피우는 자체만으로도 못마땅한데 그것을 자랑이라고 하다니….

오늘 일정은 구엘 별장, 공원 등을 둘러보기로 했다. 10시 반이 넘어서 호텔에서 나섰다. 우선 3호선 지하철을 타고 마리아 크리티나 역에 하차하여 구엘 별장부터 찾아갔다. 그리스 신화를 소재로 한 정문은 '용의 문'이라는 이름으로 철로 만든 것이다. 그런데 하필이면 월요일이라 휴관이라서 들어갈 수가 없었다. 용이 광대한 저택을 지키는 파수꾼으로 묘사되어 있다. 들어가 보지 못함을 아쉬워하며 다시 지하철을 타고, 구엘 저택과 해양 박물관으로 갔다. 구엘 저택은 어제 걸었던 레이알 광장 부근 람브라스 거리에 있었다. 리세우스 극장 앞에서 사진을 찍었다. 26유로를 내고 해양 박물관에 입장했다. 잘 꾸며 놨다. 관람하기 좋은 동선으로 수족관이 진열되었고, 바다와 연계된 큰 규모의 전시관이다.

보고 나오니, 아들이 하벤하겐 아이스크림 집에서 에스프레소 커피에 아이스크림을 탄 아포가토를 사 가자고 와서 내게 권한다. 그것을 먹고 다시 지하철을 타고 폰타나 역에서 내려 카사비센스를 찾아갔다. 가우디의 처녀작으로 종려나무를 모티브로 철문을 만들고 노란 꽃무늬 타일을 사용한 작품이다. 녹색과 흰색의 타일로 소나무 모양을 만들어 놓은 외벽이 인상적이다. 그러나 주변에 쓰레기통이 있어서 냄새 나고 별로 좋지 못한 인상을 주었다. 한두 장 사진을 찍었다. 다시 걸어서 구엘 공원으로 갔다.

에우세비 구엘은 카탈우나의 귀족으로 방직산업으로 부를 축적했고, 가우디의 최대 후원자였다. 구엘은 영국풍의 조용한 주택을 조성하고자 가우디에게 15헥타르의 부지에 설계를 의뢰했다. 입구에서 볼 때 오른쪽이 경비실이고, 왼쪽은 관리사무실인데 그 모습이 독특하여 '과자의 집' 이라고 부른다. 중앙 광장은 형형색색의 타일을 이용한 벤치로 에워싸여 있으며 바르셀로나 시가지와 지중해가 내려다 보인다. 특히 도마뱀 분수대와 천장의 타일 작품이 일품이다.

'바르셀로나' 하면 '가우디' 가 생각날 정도로 최고의 걸작들이 곳곳에 있다. 걸어 지하철을 타고 호텔로 돌아가던 중 바라카페에 앉아 콜라와 맥주를 한잔했다. 1927년부터 시작했다는 역사 있는 카페다. 4.7유로가 나왔다.

한국 식품점에서 5.5유로를 주고 밀키스와 맥주를 사 호텔로 돌아왔다. 내일은 야간열차를 타야 한다. 체크아웃하고 서울정에서 아침을 먹고 배를 타고 팔마도 섬을 다녀오기로 계획을 세웠다.

아들은 언제나 어떻게 하면 돈을 벌까 하는 생각으로 머릿속이 꽉 차 있다. 그래서 타박에 들려서 담배를 사면서 유로밀리언 복권도 아울러 산다. 한국에 돌아가면 대출을 받아 사업할 구상을 하고 있다. 가끔 염장 지르는 행동을 하지만, 그래도 제 할 도리는 한다. 오늘도 내비게이션 역할을 충실히 했다. 지도를 보며 휴대전화기로 방향을 잡아, 정확히 목적지를 찾아가는 능력이 뛰어나다. 아들 덕에 별 어려움 없이 잘 찾아다니고 있다. 힘든 내색하지 않고 잘 따라다니니 고맙기도 하다.

발렌시아로 가기엔 너무 위험 부담이 크다. 행여 기차를 못 타면 일정을 망칠 조짐이 있어 포기하기로 했다. 그래서 내일은 충분히 쉬는 방향으로 계획을 세우기로 했다. 지도를 보니, 팔마데마요르카 섬으로 가는데 7시간이다. 도저히 갈 수 없는 거리다.

내일은 내일 아침에 걱정하기로 하고, 어제 사온 사발면에 소맥을 하면서 저녁을 먹었다. 아들은 내게 결혼 상대자로 어떤 여자를 원하느냐 묻는다. 나는 제일 먼저 정직해야 한다고 했다. 그 다음에는 예절이 있어야 한다 했다. 잘생기고 못 생기고는 두 번째 다음의 문제다, 사람이 잘 들어와야 그 집안이 잘 된다고 했다. 그랬더니, 아들은 아버지는 왜 돈벌이 생각을 하지 않느냐고 한다. 난 돈보다 명예를 더 중시한다고 했다.

아들은 돈을 중시하고, 나는 명예를 앞세우는 우리는 이처럼 서로

견해차가 있다. 아들은 내게 철저히 이기적이라고 했다. 친구들 사이에서도 이득이 되지 않으면 움직이지 않는다고 했다.

아들은 자동차에 관심이 많다. 명차에 대해서 줄줄이 꿰뚫고 있다. 독일의 벤츠, BMW, 아우디, 이탈리아의 람보르기니, 페라리 등 나름대로 자동차에 관한 이야길 줄줄 해댄다. 또 술에 관해서도 해박한 지식이 있다.

우선 인생을 즐겁게 살려면 흥미와 관심 있는 분야에 종사하거나 자기가 하고 싶은 일을 하며 살아야 한다. 하고자 하는 목표가 뚜렷하고 꿈이 커야 한다. 그런데 아들은 꿈과 목표 의식조차 없다. 답답한 노릇이다. 오르지 술장사나, PC방, 카페 등 유흥이나 오락에만 관심이 있고, 어떻게든 돈을 많이 버는 데 관심이 있을 뿐이다.

8시 30분이 넘었는데도 훤하다. 한국이라면 이 시각이면 어두운 밤일 텐데, 여긴 아직 훤하다. 잠을 자기엔 너무 이르다. 어느새 시차 적응이 되었다. 한국은 지금, 26일 새벽 3시 반이다. 그런데도 잠이 오질 않는다.

21

Casa Batllo 카사바트요

<숙박>
6월23일부터 25일까지 3박 4일
바르셀로나 호텔 산츠 300유로

3박 4일 동안 머물다 보니 조금 익숙해졌는데 다시 떠나려니 아쉬움이 남는다. 아들은 빨리 집으로 돌아가고 싶다고 안달복달한다. 여행하면서 자주 속을 썩이는 아들이지만, 그래도 옆에 있으니 좋았다. 가만히 살펴보면 아들은 자기 스스로 문제를 해결하려는 노력도 하고 있다. 때론 든든한 아군이지만 어떤 때는 적군이며 원수 같은 존재가 되기도 한다. 부모인 내 애간장을 다 녹이는 불효 막심한 자식이지만, 어찌 되었든 내 살붙이며 피붙이다. 못났든 잘났든 평생 끌어 안고 가야 할 내 자식이다. 너무도 사랑하기에 오만가지를 간섭하며 잔소리하는 부모 마음, 자식은 알아주지 않는다. 여행하는 동안 함께 자고 먹으며 생활하다 보니 이젠 아들이 보인다. 아들이 무슨 생각으로 사는지, 무엇을 좋아하며 싫어하는 지, 무엇을 하고 싶어 하는 지까지…. 애비가 보기엔 허황한 것 같지만, 아들 나름대로는 대안이 있는 것 같다. 그러나 노파심 때문에 잔소리하는 것이 부모의 역할이다. 그렇다고 내가 자식 인생 대신 살아 줄 것도 아니고, 아들 역시 부모 인생 대신 살아 주지 않을 것이다. 그저 지켜봐 주고 격려해 주며 조언하는 것이 부모의 역할이다. 원수 같은 관계에서 동지가 되기 위해서는 될 수 있으면 수용해 주는 수밖에 없다. 책임은 어디까지나 자기 몫이니까.

자식이 무엇인가 조금만 잘해도 한없이 기뻐하는 것이 부모의 마음이라는 걸 부모가 되면 자연스레 알게 될 거다. 자식이 속썩일 때, 부모들은 '이 다음에 너도 자식 낳아 길러 봐라' 하며 입에서 나오는 소릴 아들은 깨달을 때 있을 거다.

너무나 사랑하기에 간섭하다 보니 아들이 삐딱하게 행동하고, 엉뚱

한 짓거리를 하며 퉁겨지는 것이다. 보란 듯이 엉큼한 짓을 하며 속을 뒤집어 놓는 아들이다. 그래도 부모는 보듬고 가야 한다.

아침 10시다. 오늘은 아들이 하자는 대로 해야겠다. 아들을 인정해 주고 존중해 줄 것이다. 아직 아들은 일어나지 않는다. 하루에 지하철을 세 번이나 갈아탔으니, 교통비만 사흘 동안 40유로나 나갔다.

"아들! 일어나! 10시가 넘었어!"

"시간도 많은데…."

아들은 신경질부터 부린다. 밥 먹으러 가기 전에 카사바트요를 보러 가잔다. 1969년에 스페인 문화유산으로 지정된 가우디 걸작 중의 하나이다. 범선을 모티브로 한 외관이 인상적이다. 정면이 색유리 파편과 원형 타일로 마감되어 햇빛을 받으면 가지각색으로 변한다.

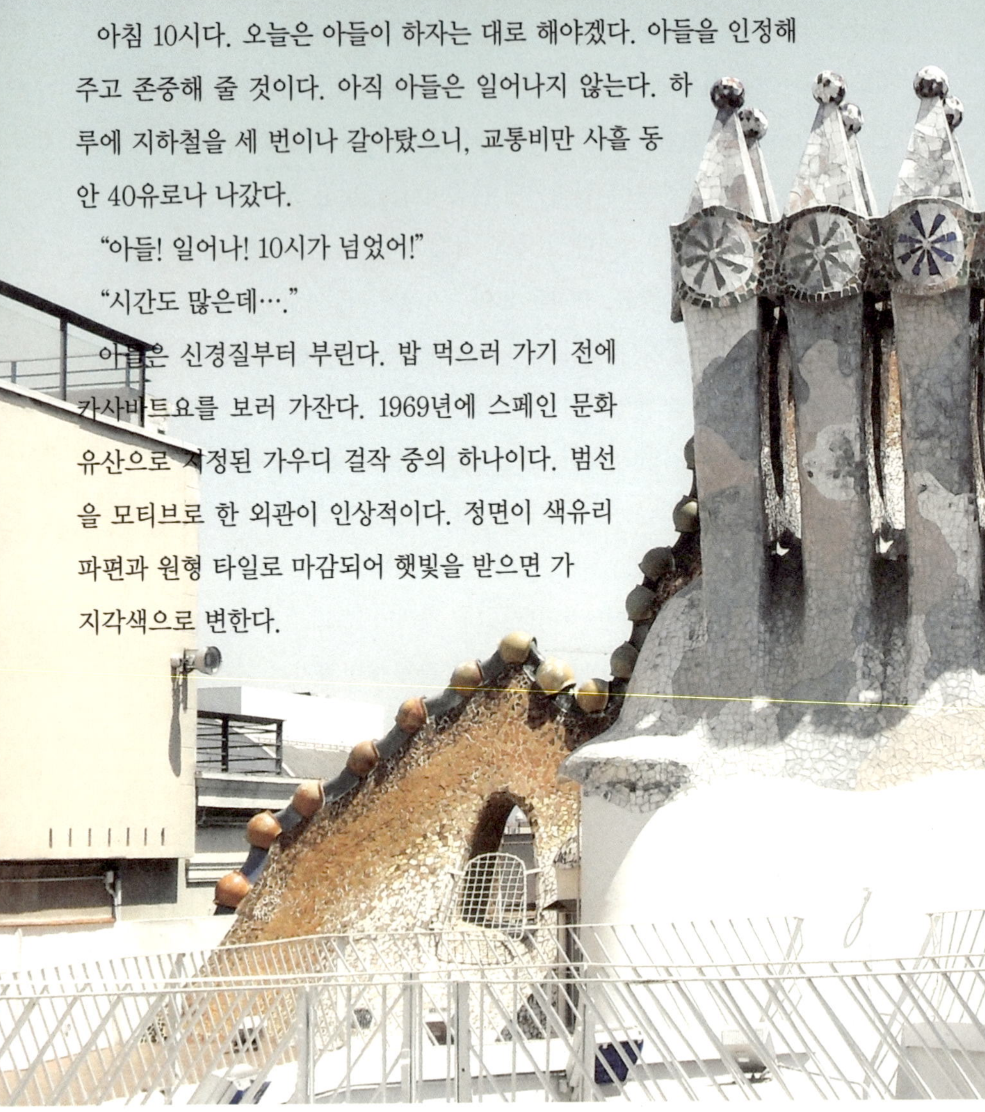

아들이 보고 싶어 했던 곳이니 보기로 했다. 그리고 몬주익 올림픽 경기장과 스페인 마을을 둘러보는 것으로 바르셀로나를 마감하기로 했다.

지하철을 타고 먼저 '서울정'을 찾았다. 이른 시간도 아닌 11시가 넘었는데도 문이 닫혔다. 아들은 저녁부터 비빔밥을 먹고 싶어 했다. 아들이 보고 싶어 했던 가우디 작품 카사바트요를 향해 지하철을 타고 찾아갔다. 근처에서 샌드위치와 오징어 튀김을 콜라로 마시며 요기했다. 카사바트요 입장료가 37유로로 비싸지만 둘이 입장했다. 사그라다 파밀리아 성당보다 입장료는 비싼데 별로였다. 돌아보고 나와 시장을 구경하며 몬주익 성으로 향했다. 먼 길을 아들은 아무 말 없이 걸어 올랐다. 성에 올라 콜라와 에너지 음료를 또 사 마셨다.

올림픽 경기장과 스페인 마을로 내려오면서 아들은 아버지는 '무슨 생각으로 사느냐' 고 물었다. 생각 없이 산다고 핀잔이다. '어떻게 돈을 벌어 살 궁리를 하지 않고, 시 쓸 생각만 한다고…. 그렇다고 시다운 시를 쓰는 것도 아니면서, 아버지는 공을 굴려도 오르막으로 굴리는 중이라고, 내리막으로 공을 굴려야 눈처럼 자산이 불어나지 않겠느냐' 고 말한다. 말이야 맞는 말이다. 나는 돈벌이 궁리보다는 어떻게 하면 돈이 따라오느냐에 관심이 더 많았다. 돈을 벌려고 애를 쓴다고 해서 벌리는 것은 아니다. 순례자의 길을 걸으며 생각해 보라며 아들은 '돈 벌어서 아버지를 순례자의 길로 꼭 보내드리겠다' 고 약속했다. 순례자의 길은 하루 6시간씩 걸으며 사색의 시간을 보내는 프로그램이다.

다시 서울정을 찾았다. 저녁을 먹기 위해서. 그러나 역시 문은 열리지 않았다. 아들은 핸드폰으로 한국음식점을 검색해 다른 곳을 찾기로 하고 지하철을 탔다. 산정이라는 음식점을 찾아갔지만, 거기도 역시 닫혔다. 산츠 역으로 와 맥도널드에서 닭다리튀김과 너겟을 먹었다.

보관함에서 짐을 찾고 기차를 기다리며 커피를 마셨다. 전광판을 확인하고 11번 출구를 찾아갔다. 보안 검색대에 배낭을 통과시키고 대기실에서 기다렸다. 30분 전에 기차를 타러 가야 한다고 검표원이 말한다. 대기실에서 기다리는데 사람들이 점점 많아진다. 21시 30분 그라나다 야간 열차를 타는 사람들이었다. 기다리는 그 틈에 아들은 담배를 피우러 밖으로 나갔다. 21시에 승객들을 내보낸다. 기차는 이미 와 있었다. 지난번 야간 열차보다는 넓고 좋았다. 일본 승객들이 자리를 물었다. 옆 칸이라고 말해 주었다.

잔돈이 8유로 남았다. 그것으로 콜라, 주스, 도넛을 샀다. 그사이에 아들은 2층에 침대를 펴놨다. '아침 7시에 모닝콜 했다' 고 한다. 아들의 발 냄새가 심하다. 운동화를 올려달라기에 집게손가락으로 살며시 집어 올려 주니, 아들은 '발 냄새가 무슨 죄냐' 며 신경질이다. 젊어서 땀이 많이 나니까 그렇다고 한다. 그렇다. '젊음'. 냄새는 나지만 참 좋은 것이다.

대단원

좌충우돌 티격태격 떠난 이번 여행으로
잃어버릴 뻔한 아들을 찾는 좋은 기회가 되었다.
자식이 속썩이고 힘들게 할 땐 같이 여행을 떠나라
그리하면 아들이 보인다.

Granada Alhambra 그라나다 알람브라 궁전

숙박
6월 27일부터 28일까지 1박 2일
그라나다 아바호텔 100유로

22

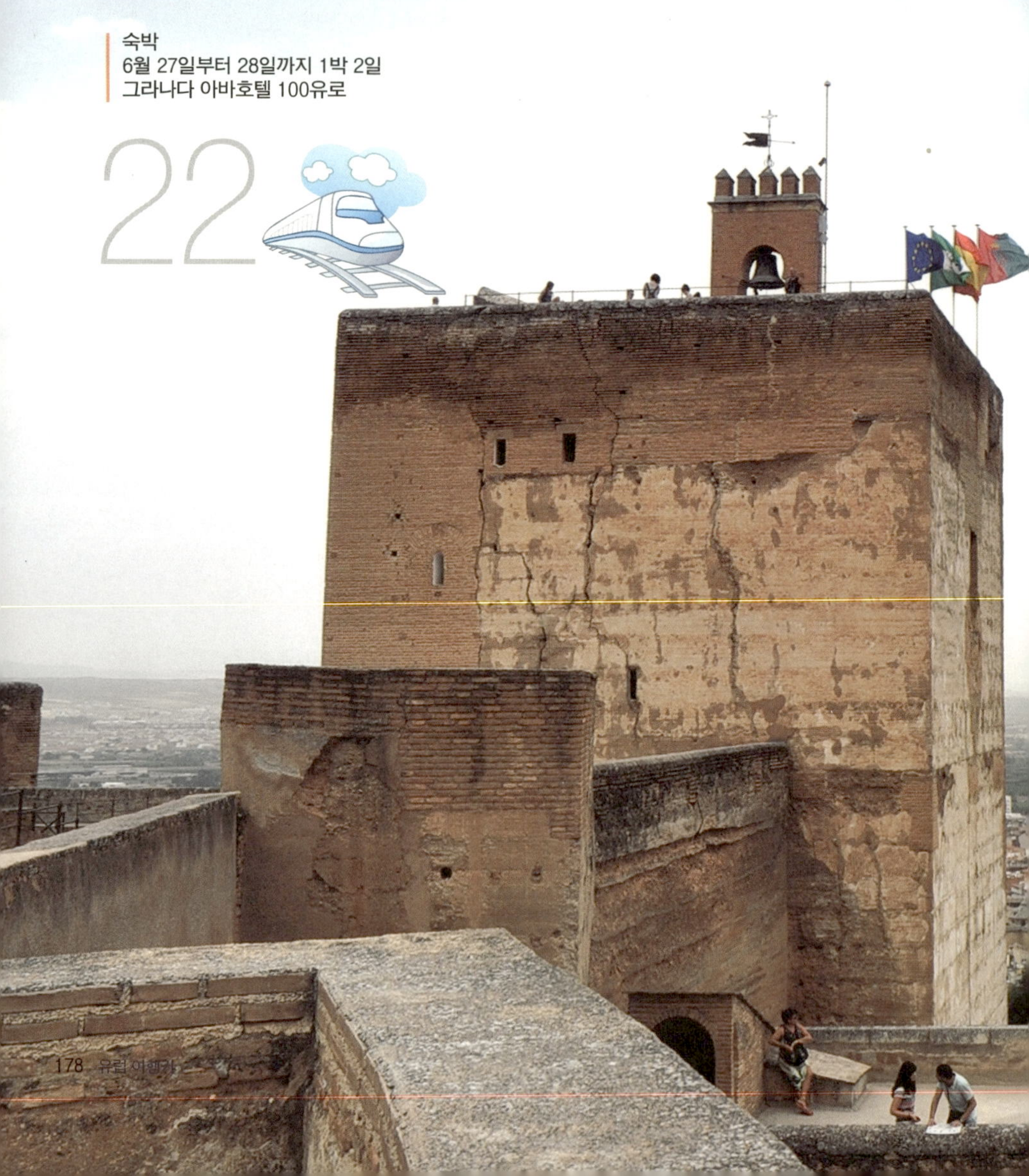

그라나다는 알람브라 궁전, 알바이신, 플라멩코, 알카이세리아, 왕실 예배당, 카르투하 수도원, 바르 일곱 가지의 볼 거리와 즐길 거리가 있는 곳이다. 이슬람 시대의 낭만이 흐르는 알람브라 궁전, 워싱턴 어빙의 '알람브라 이야기'로 그 아름다운 역사적 가치가 재조명 되었다. 또 프란시스코 타레가가 애절한 선율의 트레몰로로 노래한 알람브라 궁전의 추억은 우리 가슴에 남아 있다. 이 장대하고 섬세한 그리고 우아한 세계적인 유산을 방문하는 것은 스페인 여행의 최대 기쁨이라 할 수 있다.

알람브라 궁전은 크게 나스르 궁전, 카를로스 5세 궁전, 알카사바, 헤네랄리페, 4개 부분으로 구성되어 있다. 알카사바 성채는 13세기 건축으로 알함브라에서 가장 오래된 것이다. 나스르 왕조의 그라나다 왕국은 스페인에 남았던 최후의 이슬람교 왕국이다. 1230년에 성립하여 교묘한 외교 정책과 경제력으로 존립을 꾀했지만, 1492년 가톨릭 부부왕에 의해 멸망하고 술탄은 북아프리카로 도피했다.

전성기 때는 24개의 탑과 군인들의 숙소, 창고, 터널에 목욕탕까지 갖춘 견고한 성채였다고 한다. 성채 중간에 현존하는 벨라 탑에서 내려다보는 경관은 훌륭하다. 나스르 궁전은 14세기 중 · 후반에 유수

프 1세와 무하마드 5세 부자 시대에 건립되었으며, 이슬람 문화의 정수라 불릴 만큼 멋진 건축물이다.

메수아르의 방은 왕이 근무를 하였던 방으로 벽면이나 천장을 장식한 아라비아 문양의 타일과 석회 세공의 아름다움에 감탄을 금치 못한다. 벽면을 장식한 그림타일은 물론이고 바닥에 이르기까지 정교하게 아라베스크 문양의 일대 파노라마에 탄성이 절로 나온다.

왕궁의 하이라이트라 할 수 있는 사자의 중정은 왕 이외의 남자들은 출입이 금지된 곳이다. 중정은 124개의 가느다란 대리석 기둥으로 에워싸여 있으며, 기둥머리를 아치로 연결한 모든 벽면에는 도저히 인간의 힘으로 만들었을 것 같지 않은 정교하고 유려한 석회 세공이 빈틈없이 입혀져 있다. 중앙에는 사자의 샘이 자리잡고 있다. 12마리의 사자가 받치고 있는 커다란 원형분수도 있다.

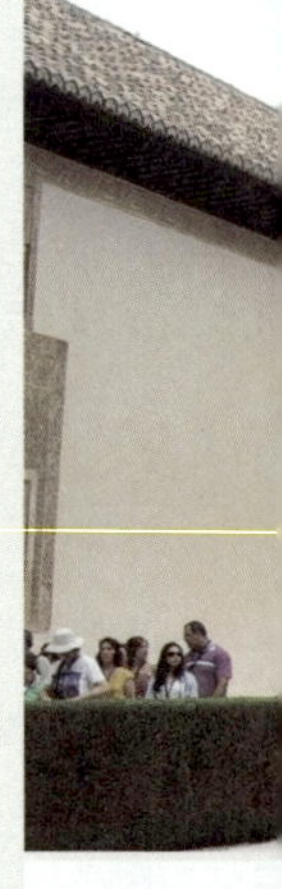

두 자매의 방은 둥근 천장에 모카라베가 특색이 있는데, 모카라베란 천장을 덮은 무수한 종유석 모양의 복잡한 장식을 말한다. 사자의 궁전에서 파르탈 정원으로 나가보면 꽃과 나무들로 둘러싸인 연못에 귀부인의 탑이 그림자를 드리우고 있다.

카를로스 5세 궁전은 16세기 전기 및 중기에 걸쳐 스페인 제국의 상징으로 건축한 르네상스 양식의 궁전이다. 헤네랄리페는 14세기 초에 정비된 그라나다 왕의 여름 별궁이다. 길이 50M 정도의 수로가 정원 중앙에 설치되었는데 이 아세키아 중정은 좌우에 많은 분수를 두었다. 물의 계단은 시냇물 소리를 내며 물이 흐르고 있다. 머리가 맑아지는 느낌이다.

여명이 밝아오는 아침이다. 넓은 들녘에 누런 물결 보리밭인지 밀

밭인지 모르지만 아름답다. 40분 전이라고 역무원이 깨운다. 간단히 세수하고 짐을 챙겼다. 속이 울렁거려 어제 저녁 사온 도넛을 먹지 않고 주스만 마셨다. 역에 도착할 무렵 이번 역에 내리라고 다시 한 번 알려준다. 역에 내렸는데 경찰들의 눈빛이 빛난다.

역에서 나와 호텔 콘도르를 찾아가다가 도중에 호텔 아바가 근사해 들어갔다. 100유로라고 한다. 하룻밤 유하기로 했다. 여권과 신용카드를 주고 방을 얻었다. 호텔은 최상급이었다. 시설이 고급이라 그런지 아들도 만족한가 보다.

우선 샤워부터 하고 지도를 보며 갈 방향을 잡았다. 그동안 아들이 있어 편하고 쉽게 유적지를 찾아갈 수 있었다.

참 좋은 세상이다. 핸드폰이 내비게이션 역할을 해주니…. 방향이 틀렸는지 반대 방향으로 가고 있었다. 다시 방향 전환하여 왕실 예배당으로 들어갔다.

스페인 후기 고딕 양식의 걸작품이다. 16세기 초반 가톨릭 부부왕인 이사벨, 페르난도 두 왕의 희망으로 건립되기 시작해서 두 사람의 외손자인 카를 5세에 의해 완공된 영묘이다. 중앙의 금빛 철제 격자 안에 호화로운 조각이 새겨진 대리석 묘가 2쌍 배치되어 있다. 우측에 있는 것이 부부왕의 것이고 왼쪽은 남편에 대한 사랑과 질투 때문에 미쳐버렸다는 그들의 딸 후아나와 미남으로 알려진 그녀의 남편 펠리페의 묘이다.

주변을 둘러보고 알바이신 언덕 쪽으로 가 엘 살바도르 성당에 이르러 다시 내려와 누에바 광장에서 점심을 먹었다. 나는 오징어 먹물밥을 아들은 피자를 콜라와 맥주로 요기하고, 알람브라 궁전으로 향했다. 헤네랄리페를 먼저 보고 다음으로 알카사바, 카를로스 5세의 궁전도 보기로 했다.

왕궁은 3시 반에 입장해야 한다고 하니, 아들은 먼저 호텔로 돌아가고 혼자 남아 보았다. 사자의 궁정은 공사 중이다. 아쉬운 대로 사진을 찍고 이곳저곳을

둘러보고 걸어온 길로 내려갔다. 버스 다니는 큰길로 쭉 걸어가니 호텔이 나왔다.

30분 정도 걸렸다. 아침보다 훨씬 빨랐다. 아들이 기특하다. 자기 나름대로 아끼고 아껴 600유로를 건네준다. 아빠가 알아서 선물도 준비하고 쓸 곳에 쓰라며 준다. 아내 말대로 아들은 돈 귀한 줄도 알고 쓸데 없는 곳엔 돈을 않쓴다. 들어와 샤워하고 좀 쉬다 맥주 한잔하러 나갔다. 간단히 하고 들어왔다. 포르투갈과 스페인의 축구경기가 있는 날이기 때문이다. 그런데 보지도 못하고 잠이 들어버렸다.

현지 시각 12시에 잠에서 깨었다. 축구경기가 궁금하다. 그러나 아들이 피곤해할까 봐 텔레비전을 틀지는 않았다. 내일은 세비야로 간다. 아침 7시에 기상하여 30분에는 체크아웃해야 한다. 세비야에서는 아들이 절대로 움직이지 않겠다고 한다.

하지만 내일은 내일이다.

23

Sevilla 세비야

도착 ; 2012. 06. 28(목) 산타저스타 역 오전 11 : 28
출발 ; 2012. 06. 29(금) 산타저스타 역 오전 09 : 45 아베열차 좌석 예약 48.6유로

<숙박>
6월 28일부터 29일까지 1박 2일
세비야 아이레 호텔 94유로

그라나다의 작은 언덕 위
붉게 빛나는 성
애잔한 슬픈 곡조는
바람 타고 흐르나니
궁전의 마지막 주인은
통한의 눈물을 뿌리며
알람브라를 다시 볼 수 없음을
한탄하나니
원통하리로다
눈물의 언덕 위
알람브라 궁전이여
쾌락과 향락에 탐닉했던
너의 왕조여
아름다움과 사치가 극에 달하고
네 눈이 머는 것보다
더 참혹한 너의 삶

알바이신 언덕이
붉게 물든 저녁
너는 슬픔에 젖어
기타를 뜯었지
헤네랄리페 정원 분수
물방울 떨어지는 소리에
네 실연의 아픔을 담아 낸
사랑의 멜로디
알람브라 곳곳에 남았네.

-〈알람브라 궁전〉 전문 -

어젯밤에 알람브라의 기억을 시로 옮겨보았다.

아들이 옆에 있는 것만으로도 행복하다. 뒤척이며 자는 모습을 옆에서 지켜보니 좋다. 행여, 아픈 곳은 없는지, 아비로 걱정도 해본다. 아들은 여행하면서 자기 나름대로 생각할 많은 시간을 갖길 원했다. 많은 것을 보기보다는 사물에 대한 깊은 통찰력을 가지고 싶다 했다. 그것이 좋았다. 그림을 봐도 '왜 작가는 이런 그림을 그렸을까?' 하며 의구심을 품는다. 자기 마음에 와 닿지 않으면 보지도 않는다.

언젠가 아들이 내게 이런 이야기를 했다. 교보문고에서 아빠 시집을 사서 읽다가 쓰레기통이 던져 버렸다는 것이다. 그래도 다른 시인의 시집은 하루 정도는 가지고 있었다고 한다. 충격적인 이야기였다. 자식의 눈에 그렇게 보인 시들은 얼마나 쓸데없는 것들이기에 나 자신이 부끄럽고 반성을 하게 되었다. 그래서 요즘은 거의 절필하다시피 한 생활이다.

또한, 아들의 이야기를 들으며 나 자신이 얼마나 한심한 존재인가를 새삼 느꼈다. 제대로 하는 것이 없다. 술에 술 탄 듯, 물에 술 탄 듯 흘러가는 인생이다. 아들은 아버지가 돈 벌 궁리를 하지 않는 것 같다며 일침을 놓았다. 머릿속으로 시뮬레이션해보지 않는다고, 왜 생각 없이 사느냐고 아들이 말했다.

난 거꾸로 자식이 한심한 줄 알았는데, 한심한 것이 나였다는 사실을 이번 여행을 통해서 나를 알게 되었다. 아들에게 부끄럽다. 아들 앞에 비친 그런 내 모습에 자신을 뒤돌아보게 했다. 정말 온 힘을 다하지 않고 살아가는 모습을 아들에게 보였는가 보다. 나름대로 열심히 산다고 살았는데 아들의 눈에는 허점투성이로 보인 것이다. 이래서 어떤 때는 아들이 두려운 존재로 느껴진다. 정확히 아비를 본 것이다. 그러니 아들 앞에서 아비로서 잘 해야 한다. 아버지는 아버지다워야 하고 자식은 자식다워야 한다.

오늘은 아들의 기분 상태가 어떠할는지, 어제는 세비야에서는 움직이지 않겠다고 했다. 세비야에 도착해봐야 아들이 움직일 것인지 아닌지를 알 것이다.

세비야는 로마 시대 지방의 중심도시였으며, 서고트 왕국의 수도였던 시기도 있었다. 8세기 이후 이곳을 침입한 이슬람 세력에 의해 한층 발전했다. 세비야의 상징인 히랄다 탑이 세워진 것은 12세기 후반이다. 카스티야 왕 페르난도 3세가 세비야를 탈환한 것은 1248년, 이 도시 중심부에 흐르는 과달키비르 강이 있다. 콜럼버스가 신대륙을 발견한 이후 세비야는 아메리카 여행의 기점이 되었다.

1519년 마젤란도 세비야에서 출발했다. 1500년대 세비야는 예술 분야에서도 눈부신 발전을 했다. 인물상에 새로운 기법을 도입한 수르바란, 바로크 회화의 거장 무리요와 발데스레알, 궁정화가 벨라스케스 등 산 로렌소 성당의 위대한 힘을 가진 그리스도의 작가 후안무치한 데 메사 등 조각가에 이르기까지 많은 예술가를 배출했다.

노래하고 춤추는 도시, 세비야. 세비야 하면 플라멩코를 빼놓을 수 없다. 세비야를 방문했다면 꼭 타블라오에 가 봐야 한다. 타블라오는 플라멩코 공연을 볼 수 있는 레스토랑 바이다. 여기서 식사를 하며 술을 마시는 것도 세비야의 밤을 즐겁게 보내는 방법이다.

카테드랄, 스페인 최대를 자랑하는 정중한 성당. 히랄다 탑, 화려한 이슬람 양식의 탑. 탑 정상에는 신의 승리를 상징하는 청동 여신상이 장식되어 있으며, 바람에 의해 빙글빙글 돌기 때문에 히랄다 풍향을 가리키는 닭이라는 뜻의 이름이 붙었다.

알카사르 왕궁, 스페인 특유의 이슬람 양식인 무데하르 양식의 대표적인 건축물이다. 황금 탑, 마리아 루이가 공원, 필라토의 집, 아랍 궁전을 연상시키는 세비야 명문 귀족의 저택. 세비야에서 꼭 봐야 할 것이다. 일단 기차를 타고 그라나다를 떠나 세비야에 가기로 했다.

꿈에 어머니가 보였다. 어머니 저고리 부여잡고 아들은 울고 있었다. 없어진 마을을 위해 영화를 만든 책자를 살펴보다 어머니의 유품을 발견한 것이다. 어머니가 쓰시던 손수건과 잔돈 몇 닢. 어머니가 다녔던 교회 앞에서 아들은 어머닐 부르며 울고 있었다. 어머니가 나타난 것이다. 가여운 아들 머리를 쓰다듬으며 울지 말라 하신다. 어서, 집으로 돌아가라 하신다. 옛집들은 허물어지고 길은 다 파여 없어진 집 앞에서 아들은 울고 있다. 아, 어머니 나의 어머니.

아침에 늦게 일어났다. 서둘러야 했다. 7시 반이다. 아들도 서둘러 움직였다. 45분에 체크아웃하고 역으로 나섰다. 8시 15분 기차가 오기까지는 15분이 남았다. 아들은 물을 사왔다.

기차는 미끈하게 잘 생겼다. 코치2 칸 91, 92좌석을 찾아 앉았다. 3시간 이상 가야 한다. 11시 28분에 세비야에 도착한다. 검표가 있었다.

기찻길 밑으로 넓게 퍼질러진 대지에 엷은 안개가 드리워져 있다. 잔잔한 수목은 물 알갱이를 뒤집어써 뿌옇게 보

인다. 멀리 태양이 떠오른다. 이내 사라질 안개다.

아들은 인터넷 검색으로 엊저녁 포르투갈과 스페인의 축구경기는 승부차기로 스페인의 승리로 돌아갔다고 말하며, 핸드폰으로 음악을 듣고 있다. 나도 들어보고 싶다고 했다. 그랬더니, 퉁명스럽게 '머하게' 라며 말을 내뱉는다. 나도 같이 공감하려 한다며 굳이 한쪽 이어폰을 귀에 가져다 댔다. 음악은 감미로운 발라드풍의 노래였다. 발라드풍의 노래냐고 물었더니 모른단다. 알고 들어야지 했더니, 아빠는 이 음악을 들을 자격이 없다며 이내 이어폰을 빼앗는다. 그냥 음악만 즐기며 되지, 꼭 알고 들어야할 필요가 있느냐는 거다.

내 생각엔 알면 더 즐거울 텐데, 아들은 음악 그 자체만 즐기면 된다는 생각이다. 그리고 아빠는 생각 없이 말하고 행동해서 옆에 있으며 짜증이 난다고 한다. 아빠가 성질이 급한 탓에 아무것도 생각하지 않고, 행동부터 먼저 하기에 심각하다는 거다. 전후좌우 따져보는 습성이 전혀 없는 본능적 · 동물적 감각에 의해 그냥 살아가는 존재라며 치명타를 가한다.

기차는 빠르게 넓은 들녘을 거침 없이 질주한다. 올리브 생산 1위 국가답게 광활한 대지 전체가 올리브 나무로 덮여 있다. 나무 밑에 야생 토끼들이 달음질친다. 기차 기적 소리에 놀라서 뛰는 모습이 눈에 들어왔다. 토끼들이 많기도 하다. 아직은 엷은 안개가 깔렸다. 멀리 운무가 산 중턱에 걸려 있다. 시간의 흐름에 따라 바깥 기온도 점점 올라갔다. 열차 안은 냉방이 잘 되어 선선하다.

조금 지나니 장관을 이룬 해바라기 꽃밭이다. 해바라기 꽃을 비경으로 한 영화가 있다. 잘 생각은 나지 않지만, 포스터가 가물거린다. 기찻길 옆 둔덕엔 토끼굴이 많았다. 이 나라엔 토끼고기는 먹지 않나 할 정도로 토끼가 많았다. 누런 풀밭에 7마리 말이 한가로이 풀을 뜯고 있다. 수확이 끝난 밭엔 새떼들이 날아오른다. 또 조금 더 가니 차창 밖으로 검은 소떼의 무리가 스치고 지나갔다. 기차는 시속 130Km로 달리고 있다. 현재 시각 10시 반이다. 기온이 30도가 넘었다.

'마르체나 역' 이라고 안내 방송이 흘렀다. 기차는 역에 다가오자 속도를 줄였다. 배가 고팠다. 열차 내 식당 칸에서 요기하려 했으나, 1시간 정도만 가면 목적지라서 참기로 했다. 자리예약을 잘한 것 같다.

세비야 역에 내렸다. 11시 반이었다. 필라토의 집 쪽으로 향하다 호텔이 역에서 먼 것 같아 역에서 보이는 호텔로 가기로 했다. 아이레 호텔에서 하룻밤을 묵기로 했다. 아침밥을 포함하여 94유로를 주고 방을 얻었다. 여장을 풀고 내려와 KFC에서 햄버거로 요기하고 아들은 호텔로 들어갔다. 나는 책을 들고 걸어서 한바퀴 돌기로 했다.

나 혼자 물어 물어서 카테드랄을 찾아가기로 했다. 한참을 헤매다가 또 길을 물었다. 스페인어를 잘 알아들을 수는 없었지만, 대충 느낌으로 알아챘다. 그리고 고맙다는 인사도 했다. 친절하게 상대방이 알아듣건 못 알아듣건 온 힘을 다해 설명하는 스페인 사람이 고마웠다.

걷다 보니 스페인 광장에 닿았다. 건물이 멋지다. 옆 사람에게 사진촬영을 부탁했다. 세비야 대학 동남쪽 방향, 안달루시아 지방으로 오가는 버스정류장 Prado de San Sebastinano 옆에 펼쳐진 드넓은 광장이다. 광장을 둘러싸고 있는 타일로 꾸며진 건물들은 보는 이로

하여금 탄성을 자아내게 한다. 헐리우드 영화 스타워즈 시리즈에도 이 광장이 등장한다. 뒤로는 세비야 시민들의 휴식처인 마리아 루이자 공원이 있다.

세비야 대학 근처다. 2유로를 주고 에너지 음료를 사며 길을 물었다. 카테드랄을 가려면 어떻게 해야 하느냐고…. 흑인 남자는 손으로 가리키며 똑바로 가면 된다고 했다. 그의 말대로 가다 보니 황금의 탑이 보인다. 탑 쪽으로 갔다. 12각형의 건물로 1220년 이스람교가 건축한 것이다. 과달키비르 강을 통과하는 배를 검문하기 위해 세워졌던 것으로 지금은 해양 박물관으로 사용하고 있다. 여행객들의 움직임이 보인다. 그 여행객들의 무리를 보고 카테드랄을 찾아갔다.

정문 쪽에서 사진을 찍고 있는데 그라나다 역에서 보았던 중국인들이 내게 인사를 건넨다. 나도 인사를 하며 사진을 부탁했다. 사진을 찍고, 8유로를 주고 입장하니 정말로 으리으리하다. 들어오길 잘했다 싶다. 성당을 둘러보았다. 유럽에서 세 번째로 큰 성당이란다. 탄성이 절로 나온다. 화려한 격자로 둘러싸인 목재 재단은 황금빛으로 빛나고, 성서에 근거한 수많은 장면이 섬세하게 조각되어 있다. 놀라울 정도로 현란하다. 왕실 예배당, 좌우에 달천 10세의 묘가 안치되어 있고 중앙에는 세비야의 수호신인 역대 왕과 성모가 모셔져 있다. 내부를 둘러보고 나오니 히랄다 탑이 한쪽 귀퉁이에 자리하고 있다. 외국인에게 사진촬영을 부탁해서 찍었다. 세비야의 상징인 히랄다 탑은 90m의 높이로 12세기 말 이슬람교도 아르모아드 족이 세웠다. 원래는 회교사원의 첨탑이었으나 헐지 않고 그대로 사용하다가 16세기에 기독교인들이 플라테스코 양식의 종루를 설치했다. 28개의 종과 신앙을 상징하는 여성상을 세워 풍향계 역할을 하게 했으며, 탑의 이름을 풍향계를 뜻하는 히랄다라고 불렀다.

주변을 맴돌다 산타크루스 거리를 물어보았다. 알카사르 바로 옆 지역으로 과거 유태인들이 살던 지역이다. 카페 종업원은 열심히 설명한다. 몸짓으로 재미있게 표현해 주는 것이 고맙다. 좁은 거리지만 헤맸다. 좁고 미로 같은 골목길을 빠져나와 트랩을 타기 위해 도움을 청해 표를 샀다. 1.3유로다.

필라토의 집에 간다고 했더니, 트랩은 가지 않는다고 했다. 일단 가는 방향의 종점 산 페르난도 역까지 가서 내렸다. 옆에 앉아 던 아주머니가 산타 후스타 역까지는 걸어서 10분 정도 걸린다고 일러준다. 내린 방향 사거리에서 직진하라고 한다.

한낮 온도가 42도가 넘는다. 거리의 전광판이 시간과 온도를 알려주고 있다. 불볕더위로 지친다. 걸어 호텔 근처에 와 맥주 한잔하고 들어가 샤워했다.

잠시 쉬다가 아들과 저녁을 먹으러 나가 버거킹을 먹었다. 세비야에서 플라멩코 춤을 봐야 하는데 아들은 같이 안 간다고 한다. 택시를 타자니 그렇고 마드리드에서 보는 것이 나을 듯했다. 아들 하는 짓거리가 밉상이다. 돈 아까운 생각이 들지 않는 모양이다. 그러면서 어찌 큰돈을 벌겠다고, 허황되게 유로밀리언 복권 당첨이나 바라고 있으니 답답한 노릇이다. 하지만 지가 알아서 하게 내버려두는 수밖에 없다. 나중에 가서 후회하든지 말든지 자기 일은 자기가 알아서 할 일이다.

배가 고파서 버거킹으로 가서 아들은 햄버거, 나는 야채샐러드를 사 호텔로 들어와 먹었다. 오징어 모양의 튀김과 콜라, 환타까지 해서

14유로를 주고 저녁으로 대신 먹었다. 야채샐러드에 올리브유를 조금 치고 오징어를 갈아 양파링처럼 튀긴 것도 섞어 먹었다.

오늘 저녁에도 축구를 한다. 이탈리아와 독일의 한판 대결 있는 날이다. 전반전 이탈리아가 2골을 선점했다. 2대 0. 독일이 잘하는 것 같은데, 결정적 순간에 실수한다. 후반전이 다 끝나고 추가 타임 2분 정도 남았는데 패널틱 킥을 얻은 독일이 1점 따냈으나, 결국 2:1로 이탈리아의 승리로 돌아갔다.

Cordoba 코르도바

도착 ; 2012. 06. 29(금) 코르도바 역 오전 10 : 26
출발 ; 2012. 06. 30(토) 코르도바 역 오전 09 : 29
(아베 2081열차 좌석 예약 48.6유로)

<숙박>
6월 29일부터 30일까지 1박2일
코르도바 시스네 호텔 54유로

24

코르도바 역. 기원전 로마 식민지 시절부터 안달루시아의 중심지였다. 로마 제국의 황제 네로의 가정교사이자 철학자인 세네카가 이곳에서 태어났다. 8세기에 이슬람교도가 침입하여 후기 우마이야 왕조가 성립되자, 코르도바는 이슬람 왕국의 중심지로 크게 발전했다. 929년 칼리프(계승자) 선언을 한 아브드 알라흐만 3세 시대에 코르도바는 최고의 전성기를 맞이한다.

아리스토텔레스의 이름은 이 도시의 자료를 통해 유럽에 알려지게 되었다고 한다. 그 후 후기 우마이야 왕조가 분열되고, 국토회복운동으로 이슬람교도들이 완전히 밀려나자, 코르도바는 점차 쇠퇴해 갔다.

메스키타는 이슬람교도가 세운 이슬람교사원 건물이다. 메스키타에서 과달키비르 강을 따라 5분 정도 걸어가면 포트로 광장이 나온다. 이 부근에 세르반테스가 묵었다는 여관도 있다. 코르도바를 걷다 보면, 예쁜 꽃이나 화분들로 장식한 파티오 안뜰을 자주 볼 수 있다. 알타이어족 분수가 있는 아름다운 안뜰을

말하며, 14세기에 알폰소 11세가 고친 무데하르 양식이다. 1490년부터 1821년에 걸쳐서는 그리스도교의 이단자 심문소로 사용되었다고 한다. 한 사람이 겨우 지나갈 만한 좁은 골목이 미로처럼 얽혀 있는 유대인 거리, 이곳에는 스페인에 3개밖에 현존하지 않는 시나고그가 남아 있다. 양쪽 흰 벽에 예쁜 화분들이 가득 걸려 있고, 붉고 흰 꽃들이 흐드러지게 피어 유난히 아름다운 골목길이 많다. 로마의 다리까지 갔다 오는 것으로 코르도바의 일정을 마감하려 한다.

아들이 어제는 쉬었으니, 오늘은 코르도바를 둘러볼 작정이다. 9시 40분 기

차라서 조금은 여유가 있다. 7시쯤 일어나 준비하고 아침을 먹고 호텔을 나서면 될 것 같다. 아들은 제발 이제는 기차는 타지 않으면 좋겠다고 한다. 아들은 1,500유로의 유레일패스 1개월간 이용권이라서 다행이지, 아빠는 3,000유로도 더 이용했을 거라고 한다.

이제 세비야에서 코르도바, 코르도바에서 마드리드까지 딱 두 번만 타면 된다. 마드리드에서 똘레도는 버스를 이용해 다녀오기로 했으니 말이다. 일찍 일어나 샤워 후 아들을 깨웠다.

8시엔 아침을 먹어야 한다. 3층으로 알아들어 3층으로 갔지만, 식당이 없다. 호텔직원에게 물었더니, 친절하게 엘리베이터까지 따라와서는 내려야 할 층의 버튼까지 눌러준다. 레스토랑을 찾았을 때, 아침 식사를 하는 사람이 많다. 계란부침과 빵 두 조각, 과일과 주스로 간단히 아침을 들었다. 객실로 들어와 CNN 뉴스를 보고, 9시에 체크아웃하고 역으로 향했다.

일 카페 디 로마에서 에스페르소 커피와 아이스를 시켜 마셨다. 아베열차를 타기 위해 검문 검색대를 통과하고 열차 좌석표를 검사한 후 탈 수 있었다. 승무원이 문 앞에서 안내한다. 열차는 깨끗했고 아늑하다. 비싼 열차답게 서비스도 괜찮다. 아들에게 항상 차를 타기 전 30분 전에 와 절차를 마쳐야 한다고 일러주었다. 여승무원이 뜨거운 물티슈를 주었고, 남승무원은 좌석을 확인하였다. 아베는 조용히 달리고 있다. 넓은 들녘에 옥수수밭이 차장 너머로 스쳐 지나간다. 좀 있으니까 비행기처럼 기내식이 나왔다. 계란스크렘블에 갖은 채소를 넣어 조리한 것과 과일 샐러드, 콜라, 빵까지 있다. 아들은 먹지 않는다.

벌써 바깥 기온이 30도다. 내릴 때가 되었다. 빠르다. 40분 정도 걸렸는가 보다. 내려서 아들은 담배를 피우기 위해 역사 밖으로 나갔다. 그런데 로또방으로 들어간다. 거기에서 친구들이 불러준 번호로 10유로 주고 사고, 다시 자동으로 10유로의 복권을 샀다. 내가 잔소리했더니, 재미로 산다고 하는데... 영 아니다.

호텔을 찾아 나서다, 역과 멀어지기에 다시 역 부근으로 돌아오다 시스네 호텔로 들어갔다. 별 두 개짜리라 1박에 54유로다. 계산도 체크아웃할 때 하란다.

메스키타를 간다 했더니, 지도를 주며 10분이면 된다고 친절히 설명해 준다. 미로 같은 골목을 사이에 두고 하얀 집들이 옹기종기 모여 있는 유대인 마을을 지나 이슬람인 주거지역에 들어서자 집들은 파티오라는 작은 정원을 가지고 있다. 꽃을 잘 가꾸어 인사도 파티오가 아름답다는 인사를 하는 것을 좋아하는 그들의 삶이다.

이슬람 문화와 기독교 문화가 혼합된 메스키타를 찾아갔다. 이 건축물은 한번에 2만 5천 명이 예배할 수 있는 엄청난 규모이다. 성당 안에 들어서니 기존의 가톨릭 성당과는 구별되는 건축 양식이다. 서고트족에게서 도입한 적백 문양의 말발굽형 양식 기둥, 카데드랄 내부의 하중을 분산시키기 위한 이중의 아치형 기둥이 어디에도 없는 특이한 건축물에 입이 벌어졌다. 알카사르를 거쳐 로마의 다리를 건너갔다. 16유로를 주고 카델드라로 들어갔다. 알카자르 데 로스 레이스 크리스티아노스의 입장료는 9유로다.

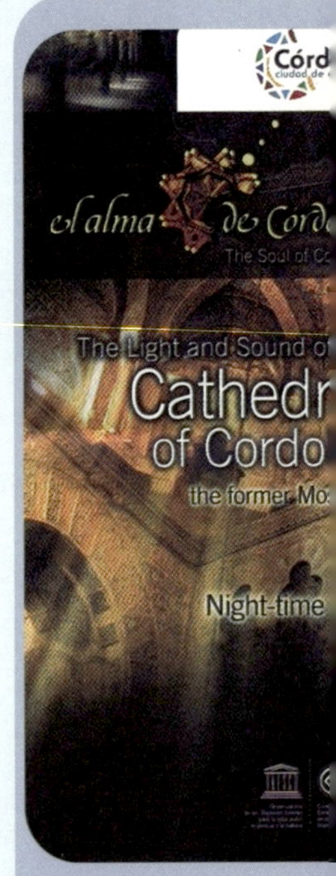

둘러보고 호텔로 돌아가는 길에 알람브라 맥주를 한잔씩 하고 점심을 일식집에서 스시와 누들로 먹었다. 33유로가 나

왔다. 너무 더운 날씨다. 기온은 39도가 넘었다. 호텔로 들어와 쉬다가 6시 반쯤 나가 저녁을 먹을까 하다가 콜라만 마셨다. 거리의 온도계도 35℃를 가리키고 있다. 하지만 어제의 세비야보다는 덜하다. 세비야는 한낮에 42℃였으니까.

돌아다니는 것보다 호텔방에서 에어컨 틀고 쉬는 것이 나았다. 저녁 8시가 넘었어도 해가 지지 않는다. 호텔 로비에 내려와 맥주를 한잔하고 공원으로 나갔다. 주변을 돌다 백화점에 들어가 아들은 옷을 입어보고, 허리 라인이 없다며 사지 않았다. 화장품 가게에서 샤넬 파이브 향수를 테스트해보고 가격을 알아보았다. 130유로가 넘는다. 물과 펩시콜라만 사서 호텔로 들어왔다.

내일은 마드리드로 입성한다. 이번 여행의 마지막 코스다. 비행기를 타기 위해서는 한인 민박을 3일하고, 공항 근처의 호텔로 옮기자고 아들은 말한다. 일요일에 교회 나가 예배드리고, 오후에는 세고비아를 다녀와 쉬겠다는 것이다. 월요일엔 톨레도를 다녀오고, 화요일은 마드리드 바라하스 공항 부근으로 옮겨 항공권을 리컴펌하면 1달간의 일정이 모두 끝난다.

Madrid 마드리드

도착 ; 2012. 06. 30(토) 마드리드 아토차 역 오전 11 : 15

<숙박>
6월30일부터 7월 3일까지 3박4일
마드리드 가정집 한인민박 210유로

25

아들은 핸드폰으로 검색해 한인 민박집에 전화를 걸더니 예약한다. 가정집 민박을 1박에 70유로로 예약했다. 찾아가는 길을 지하철 노선도를 보고 표시한다. 3박이던, 4박이던 공항 가는 노선이 가까우면 1박을 더하기로 했다.

일어나 샤워를 했는데도 금방 땀이 난다. 아침부터 더위가 이러하니, 한낮에는 얼마나 더울까. 일단 54유로의 숙박료를 계산하고 역으로 향했다. 역 카페테리아에서 에스페르소 커피 두 잔에 아이스를 곁들여 주문했다. 1시간가량 남았다. 30분 전에 검문대에 배낭을 통과시키고, 내려와 기차를 기다렸다. 기차는 정시에 도착했고 여승무원 둘, 남승무원 한 명이 도와준다. 기내식도 배부를 정도로 충분히 제공되었고, 후식으로 초콜릿이 나왔다. 식사를 마치고 창밖을 보니, 기차는 빠르게 달리고 있다. 모니터에는 영화가 나왔다. 아들은 이어폰을 왜 받느냐고 묻는다. 알아듣지도 못하면서…. 잠이 쏟아졌다. 잠시 눈을 감았다.

아토차 역이라는 안내 방송이 흘렀다. 우리는 서둘러 내렸다. 아토차 역은 어리둥절하리만큼 광대하다. 메트로를 타기 위해 자동판매기에서 1회권을 4유로 주고 사 1호선을 탔다. 콰트로 카미노스 역에서 6호선으로 갈아타고, 누에보스 미니스테리오 역에서 하차하여 가정집 민박으로 찾아갔다. 일단 3일간 묵겠다며, 210유로를 숙박비로 내고, 간단한 설명을 듣고 솔 역으로 갔다. 10회권 12유로씩 2장을 샀다. 솔 역에서부터 걸어서 마요르 광장, 시청사, 왕궁, 스페인 광장, 그랑비아 거리, 카아오 광장, 시벨레스 광장, 알칼라 문, 레티로 공원을 거쳐, 소피아 왕비 예술센터는 무료로 입장했다.

피카소의 게르니카 전시실은 관람객들로 붐볐다. 미술관은 스페인의 근대 및 현대 미술을 중심으로 전시하고 있으며 큐비즘, 초현실주의, 사실주의 등 금세기 초반부터 1970년대에 걸친 스페인 미술의 흐름을 개관할 수 있는 작품들로 구성되어 있다. 피카소, 달리, 미로

와 같은 유명화가들의 작품 외에도 루이스 브뉘엘이나 라면 카사스 등의 작품도 있다. 4층에는 비디오 아트가 있어 백남준 선생을 연상케 했다.

피카소가 나치 독일 공군이 게르니카를 무차별 폭격한 것에 격분해서 그린 작품 앞에는 관람객들이 몰렸다. 토요일은 오후 2시 30분부터 무료로 입장할 수 있다.

다음으로 세계 3대 미술관 중 하나인 프라도 미술관은 8,000점이 넘는 많은 양의 예술품을 소장하고 있다. 오후 6시부터 8시 사이는 무료입장이란다. 스페인 회화의 3대 거장 엘 그레코, 고야, 벨라스케스를 비롯해 16~17세기 스페인 회화의 황금기에 활약했던 화가들의 작품을 볼 수 있다. 또한, 르네상스 시대의 거장 라파엘로와 보티첼리 등 이탈리아 회화 작품도 볼만하다.

프라도 미술관 1층은 엘 그레코의 작품을 비롯해 15, 16세기에 활

동한 스페인 국내외 화가들의 작품이 전시되어 있다. 그레코는 1541년 그리스 크레타 섬에서 태어난 그리스 사람이다. 그의 작품에서 볼 수 있는 특징은 등장하는 인물의 얼굴이 작은 것과 잡아당겨 놓은 듯 길게 표현된 몸이다. 환상과 사실주의를 잘 조화시킨 정교화를 많이 남겼다. 엘 그레코의 성 삼위일체, 무리요의 선한 양치기, 뒤러의 아담, 안젤리코의 수태고지, 라파엘로의 양을 모는

성 가족은 관람객이 붐볐다.

2층 전시실에는 루벤스의 3여신, 벨라스케스의 라스 메니나스, 수르바안의 정물, 고야의 옷을 벗은 마하, 옷을 입은 마하 앞에도 사람들이 몰렸다.

둘러보고 나와 한국 식당으로 가, 비빔밥을 먹기 위해 시벨레스 광장으로 갔다. 인파들이 몰려있다. 게이들의 거리행진이다. 알칼라 문에서부터 알칼라 거리를 가득 메웠다. 좀 지켜보다 궁금해 스페인 사람에게 물었더니, 영어를 잘 모른다며 대답하지 않는다. 지하철을 타고 민박집 근처에 왔다. 고려정이라고 한식식당이 있다. 그런데 8시 넘어서 오란다. 잠시 걸어 내려가 카페에서 음료를 마셨다. 고려정을 다시 찾아가 비빔밥을 시켜 먹었다. 맛이 약간 부족한 것 같다. 김치도 4유로나 받는다. 두 번 다시 찾아가고 싶지 않은 곳이다.

숙소로 돌아와 간단히 씻고 내일 일정을 생각했다. 주일이라 교회부터 갔다가 세고비아를 다녀오기로 했다.

Sgovia 세고비아

26

고대 로마 시대 기운이 감도는 세고비아
나 거기 동화 속 궁전에 있었네,
알카사르!
백설공주가 나올 것 같은 아름다운 성
에레스마 강과
클라모레스 강이 합류하는 지점
바위산 절벽 위 우아한 네 모습
백설공주 사뿐히 걸어 나올 것 같은,
알카사르.

– 〈알카사르〉 전문 –

세고비아는 로마 수도교로 유명하다. 중세에 지어진 성벽이 지금도 남아 있다. 〈백설공주〉 이야기에 나오는 성의 모델이 된 알카사르, 작은 베르사유 궁전이라고도 불리는 라 그란하, 로마네스크 양식의 건축물들은 세고비아의 상징이다. 7시 반에 일어나 세수를 하고 머리를 감았다. 수건도 제공되지 않아 불편하다. 샤워 부스는 좁아 씻기가 어렵다. 아들은 머리에 샴푸를 짜 바르고 수건 하나 걸치고 씻으러 갔다. 민박집의 침대는 철제이며, 긴 복도 한쪽으로 여러 개의 방이 있다. 아들과 나는 4인용 방을 둘이서 사용하기로 했다. 주방과 식당 그리고 화장실이 2개다.

8시엔 아침을 먹고, 오늘은 주일이니 교회를 찾아가기로 했다. 그런 후 세고비아를 다녀오기로 했다. 아들은 담배 한 대를 피우고 오겠다고 한다. 창문을 열었더니, 차가운 아침 공기가 밀려들어온다. 마드리드 기온은 그라나다, 세비야, 코르도바와는 확실히 차이가 있다. 스페인 남부지방 기온은 한낮에는 40℃ 이상 오르고, 중부에 있는 마드리드의 기온은 30℃ 안팎이라고 한다.

한국하고는 7시간 시차가 난다. 밤도 늦게 찾아온다. 10시가 넘어야 어둑해진다. 여긴 저녁 7시가 되어도 해가 중천에 떠있다. 그야말로 밤이 짧고 낮이 긴 나라다.

아침 식단이 차려졌다. 김치찌개가 일품이다. 아들은 속이 안 좋은지 젓가락으로 밥을 끼적거리며 먹는다. 이곳은 주로 여성들이 많이 오는 편이라고 한다. 남자가 서너 명이면 여성은 열 명 정도로 많다고 했다. 식사를 마치고, 민박집에서 알려준 순복음교회로 갔다. 걸어서 15분 정도의 가까운 곳이라서 그곳에서 예배드리려 했으나, 문이 잠겨 있

2012년 7 월 1 일 | 30권 26호

마드리드한인장로교회

Iglesia Presbiteriana Coreana de Madrid Desde 198

Pastor Rev. SUNG CHUN SUH
C/Suecia 83, 2-C, 28022 Madrid
618.288.113 / 91.760.0420
ssc8902@paran.com

C/JOSE MARIA PEREDA
28017 MADRID SPAIN
+34) 91.377.0671
http://web.godpia.com/imadr

주님의 영광, 이곳에!

하나님의 말씀이 상식입니다. 상식이 통하는 교회

하나님의 일꾼으로 인재를 양성하는 교회

먼저 하나님을, 그리고 이웃을 섬기는 교회

- 4대 목표 -

영성공동체/교육공동체/문화공동체/선교공동체

□운영회 임원 및 위원

부회장 김순희집사 서 기 이병곤집사
회 계 홍정애집사 고 문 김성태집사
관리·전교위원 윤중선장로 예배·찬양위원 윤영숙권사
선교·봉사위원 임현숙집사 교 육 위 원 김순덕집사

□찬양대 대 장 선현기집사 지휘자 정창우집사 반 주 임은영자매

□자치회
청년1부 회장 김기태 / 남선교회 회장 박계옥집사 / 권사회 회장 황명자권사
청년2부 회장 김남경 / 여선교회 회장 임현숙집사

다. 할 수 없이 마드리드의 한인 장로교회로 갔다. 11시 예배를 드린 후, 점심은 교회에서 먹었다. 마침 전 권사님의 칠순잔치라 푸짐하게 차려진 점심이다.

잘 먹은 후 지하철로 프란시페 피오 역에 하차했으나, 한참을 헤맸다. 버스터미널로 가서 세고비아 가는 길을 물었다. 마침 3시 버스가 있다. 왕복 요금으로 28유로를 냈는데, 2시간 만에 내렸다. 직항로로 가는 버스인 줄 알았는데, 여기저기 몇 군데 정차했다.

먼저, 지도에 있는 로마 수도교부터 갔다. 로마 문명과 기술 수준에 감탄사가 절로 나온다. 전체 길이 728m에 높이는 28m로 접착제를 전혀 사용하지 않고, 오로지 화강암을 겹쳐 쌓아 2단 아치형 다리를 놓은 것이다. 섬세하고 우아한 로마 후기 고딕양식으로 지어진 성당 카테드랄을 지나, 종루가 높이 솟아 있는 로마네스크 양식의 산 에스테반 성당도 둘러보았다. 종탑은 6층 높이로 쌓아올리고, 벽면은 아치형 개구부로 장식되어 있다.

마지막으로 백설공주가 나올듯한 알키사르는 9유로를 주고 입장했다. 에레스마 강과 강이 합류하는 지점의 바위산 위에 서 있는 성, 그 우아한 자태 때문에 백설공주의 모델이 되었다고 한다. 원래는 왕실의 거성이었으며, 이사벨 여왕의 즉위식이나 펠리페 2세의 결혼식을 하기도 했다는 성이다. 주변 경관 또한 아름답다. 중세로 돌아가 있는 듯한 분위기에서 한동안 머물렀다. 아쉽게도 라 그란하는 가지 못하고 돌아서야 했다. 7시에는 버스를 타야지 8시 40분에 스페인 광장에 도착하기 때문이다. 거기에서 스페인과 이탈리아의 축구 결승전을 보기로 했기 때문에 서둘러 내려와야 했다.

버스터미널에서 왕복 티켓을 주고, 표를 다시 교환해서 버스를 탔다. 직행이라 1시간이면 마드리드에 도착한다고 한다. 하지만 일요일 저녁이라서 차가 밀렸다. 마드리드의 프란시페 피오 터미널에 하차하여, 빠른 걸음으로 걸어 스페

AMADO
nuevo optico
Allianz
Seguros

인 광장으로 갔다. 그런데 예상보다는 관중이 없다.

근처 음식점에서 축구경기를 보기로 했다. 맥주와 음식을 먹으며 보았다. 스페인의 승리로 끝났다. 4대 0으로 이탈리아를 이겼다.

10시가 넘었다. 한 정거장 정도 걸어서 6호선 지하철을 타고 민박집으로 돌아왔다. 오늘은 아들과 척척 마음이 맞았던 순탄한 여정이었다.

Toledo 톨레도

27

톨레도는 마드리드에서 남쪽으로 약 70Km 떨어진 곳에 있는 중세의 모습을 아직도 간직한 도시다. 타호 강이 도시를 에워싸듯이 흐른다. 마드리드의 플리사 엘리프티카 버스터미널에서 그곳까지는 버스로 1시간 정도 소요된다.

아침이다. 한국의 가을날처럼 청명한 하늘에 서늘한 바람까지 분다. 어제도 그랬다. 최고 기온이 24도 정도라니 걸어 다니기에는 좋을 것 같다. 하지만 아침은 좀 추운 듯 했다.

아침상이 푸짐하다. 돼지불고기와 닭 국물, 감자볶음, 소시지 등 푸짐한 밥상이다. 그런데도 아들은 입맛이 없다며, 조금 먹더니 담배나 한 대 피우겠다고 밖으로 나갔다. 아들이 들어와 여장을 챙겨 나왔다.

오늘은 톨레도로 가기로 했다. 지하철을 타고 플라자 엘립티카에서 내렸다. 버스터미널에서 왕복 티켓을 18유로 주고 샀다. 버스를 타기 위해 7번 플랫폼에 갔더니, 어제 같은 민박집에 묵었던 아가씨 둘이 있다. 그녀들도 톨레도로

간다고 했다. 1시간 15분쯤 걸려 도착했다.

터미널을 나와 방향을 잡지 못해 젊은 친구에게 물었더니, 소코도베르 광장까지 걸어가야 미니 기차 소코트렌을 탈 수 있다고 해서 걸어서 올라갔다. 새비사그라 문과 태양의 문을 지나 산타크루즈 미술관 옆으로 올라가니 광장이다.

미니 기차 소코트렌을 타기 위해 10유로를 내니 이어폰을 주었다. 미니 기차를 타고 50여 분간 톨레도 주변을 돌았다. 감탄이 절로 나오는 중세 도시의 풍경이다. 타호 강 건너편을 바라보니 한국으로 돌아가고 싶지 않다. 이 아름다운 도시에서 영원히 살고 싶다는 생각도 들었다. 미니 기차는 다시 광장으로 되돌아왔다.

알키사를 향해 걸어 올라갔다. 대성당 내부를 잠시 돌아보고 나왔다. 그리고 다시 엘 그레코의 집, 트란시토 교회 쪽으로 가기 위해 타호 강의 산마르틴 다리 밑으로 걸어 내려갔다. 잠시 강가에서 사진촬영을 하고 올라와 산토 토메 성당을 지나 대성당 부근에서 점심은 파스타로 먹었다.

광장에서 좀 앉았다가 버스터미널까지 내려가 커피를 한잔하고, 다시 한바퀴 더 돌기로 하고 태양의 문 오른쪽으로 돌아서 올라갔다.

로마 시대의 성채 도시 톨레도는 6세기에는 서고트 왕국의 수도였다. 711년 이슬람 왕국에 의해 정복되었지만, 레콘키스타 운동으로 1085년 알폰소 6세가 탈환했다. 한동안 그리스도교와 이슬람교도가 공존했다. 1492년, 국외 추방 명령이 내려지기까지는 유대교도들이 이 도시에 살았다. 따라서 톨레도의 문화는 그리스도교, 이슬람교, 유대교 문화가 융합되어 이루어진 문화다.

톨레도를 얘기할 때, 빼놓을 수 없는 사람이 화가 엘 그레코이다. 벨라스케스, 고아와 함께 스페인 회화의 3대 거장으로 손꼽힌다. 그는 그리스인 화가였다. 그는 톨레도를 사랑하여 1576년에 이 도시를 찾아와, 죽을 때까지 약 40년 동안 이곳을 떠나지 않고 살았다고 한다. 최고의 걸작이라고 평가받는 오르가스 백작의 매장을 비롯한 많은 작품이 톨레도의 카테드랄, 타베라 병원, 산타크루즈 미술관이 소장하고 있다.

아들과 나는 이 아름다운 도시의 골목을 누비며 돌아다녔다. 아들은 친구들에게 준다며 콘돔 7개를 사고, 나는 열쇠고리를 10개를 샀다. 매일 아들은 담배 한두 갑을 샀고, 또한 틈나는 대로 유로 밀리언 복권을 10유로씩 열두 번도 더

샀다. 아들은 되면 좋고 안 되면 그만이라는 식의 사고 방식으로 나름대로 즐기는 스타일이다. 발표 날을 기다리며 꿈꾸는 것이다. 머릿속엔 온통 유로 밀리언의 누적 당첨금액을 계산하며 즐기는 것이다. 되지 않겠지만 잠시나마 즐거운 상상을 한다는 것이다.

이런 아들을 옆에서 지켜보면 유머 감각도 있고 생각도 깊은 것이 밉지만은 않았다. 아들 덕에 나는 쉽게 목적지를 찾아다니며 여행도 잘하고 있는 것이다.

아들은 톨레도를 마지막으로 여행을 마감한다고 선언했다. 내일부터는 공항 근처의 호텔로 이동해서 편하게 쉬겠단다. 나 역시 마무리하는 시간이 필요하다. 톨레도를 돌아다닐 때 한낮의 기온은 33도였다. 마드리드보다 남쪽이라서 그런지 기온 차가 8도나 났다. 버스를 타고 마드리드에 도착하니 기온이 25도다. 어느덧 피부도 검게 변했다.

아들이 10회권 지하철 표를 잊어버렸다. 6번 쓴 것이라서 아깝다는 생각도 들었다. 2유로 주고 1회권을 사서, 민박집으로 돌아와 샤워하고 쉬는데, 주인집 아주머니가 수박을 먹어보라고 가지고 왔다. 아들은 10유로 주고 샀던 복권

도 잊어버렸다며, 못내 아쉬웠던지 아주머니에게 물어보았다. 그런데 그 복권이 내 책갈피에서 나왔다. 내가 영수증인 줄 알고 책에 끼워 두었던 것이다. 아들의 안색이 금세 밝아졌다.

바깥은 어둑어둑했다. 10시쯤 한 여행객이 민박집으로 들어왔다. 민박집 벽이 얇아서 방음이 되지 않고, 문을 여닫을 때마다 출렁인다. 민박집 주인의 목소리가 우리에게 브리핑할 때처럼 똑같은 내용으로 들린다.

배낭 여행객들이 가정집 민박을 많이 찾는 이유를 생각해봤다. 친절한 설명과 푸짐한 아침 식단 그리고 편안하게 쉴 수 있는 여건이 제공된 것 아니겠는가. 오늘 밤만 자면 우리는 공항 근처로 숙소를 옮길 것이다.

28

Leaving Madrid

마드리드를 떠나며

출발:2012.07. 04(수) KL1702 마드리드 바라하스 공항 오후 13:00
도착:2012.07. 04(수) KL1702 암스테르담 스히폴 공항 오후 15:40
출발:2012.07. 04(수) KL865 암스테르담 스히폴 공항 오후 17:45
출발:2012.07. 05(수) KL865 인천국제공항 오전 10:50

<숙박>
7월 3일부터 4일까지 1박 2일
바라하스 베스트 윈스턴 호텔 77유로

오늘은 숙소를 공항 근처로 옮기기로 했다. 호텔서 푹 쉬면서 마지막 여정을 정리하는 시간을 갖기로 했다. 먼저 공항으로 가 리컴펌하고, 가족들 선물부터 사야 한다. 선물을 무엇으로 해야 할지 고민이다. 집에서 바꾸어온 유로화는 거의 다 썼다. 남은 것이 250유로. 만약, 이것으로 선물을 산다면 점심, 저녁 식사와 숙박비는 도저히 불가능하다. 카드를 사용해야 한다.

날이 밝았다. 서늘한 공기가 엄습한다. 일어나 대충 씻었다. 아들에게 비누가 어디 있는지 물었다. 샤워장 밑바닥에 있다고 했는데, 알아듣지 못해 찾질 못했다. 아들은 상대방의 말을 끝까지 잘 들어야 한다고 또 핀잔이다. 아들이 일어나 밖으로 나가더니, 담배부터 피운다. 걱정이다. 골초가 되어서 끊질 못하니…. 백해무익한 그 담배 좀 끊고 건강한 삶을 살았으면 좋겠다. 술은 적당히 마시면 좋다. 이왕이면 담배보다 술을 먹는 것이 나을 것 같다. 그러나 아들의 생각은 다르다. 무익하지만 심리적 안정을 위해서 피운다고 한다. 다른 것도 마찬가지로 자기는 모든 것을 합리적으로 처리한다고 한다. 가령, 친구가 번호를 알려줘 당첨되었을 때 당연히 반은 친구의 몫으로 생각한다. 쓸 땐 확실히 쓰고 아낄 땐 확실히 아껴야 한다고 한다. 하지만 나는 아

까운 줄도 모르고, 없으면서도 있는 체하는 아들이 밉다.

아침 음식상이 차려졌다. 민박집 주인아주머니의 음식 솜씨가 좋다. 오징어무침, 햄, 김치, 소고기 버섯 불고기, 홍합 미역국 등 푸짐한 식단이다. 집에서 보다는 잘 차려진 음식을 먹는다. 이래서 여행객들이 많이 찾는 것 같다. 아들은 다른 사람들과 말 섞는 것조차 싫어한다. 여러 사람과 이야길 주고받으면서 정보도 교환하고 그래야 좋은데, 말하는 것을 싫어한다. 문제 해결은 스스로 알아서 해야 한다며, 아들은 누구에게도 묻지 않고 지도와 핸드폰으로 길을 찾아다녔다.

민박집을 나섰다. 지하철로 바라하스 역까지 가서 근처에서 호텔을 찾았다. 별 3개짜리 베스트 윈스턴 호텔로 잡았다. 77유로는 카드로 결제했다.

잠시 쉴 겸 주변을 둘러보고 공항으로 발길을 돌렸다. 터미널 쪽으

로 걸어가다 안 되겠다 싶어 다시 지하철을 탔다. 한 정거장 가는 데 4.5유로다. 공항을 찾아 내일 갈 비행기 표를 예약하기 위해 여기저기 둘러보았다. 인포메이션데스크를 찾아 물어 자동화 기기에서 해보았지만, 승객 리스트에 없다고 나왔다. 보딩데스크에 가서 여권과 전자 티켓을 제시하고 내일 탈 비행기 좌석을 예약했다. 때마침 창가 쪽 자리다. 다행이었다.

오늘 하루를 쉬면서 공항을 찾은 것은 잘한 일이다. 공항 근처는 볼 것도 먹는 집도 없었다. 단지 작은 상점과 동네 다방 같은 카페가 주변에 한두 개가 있다. 선물을 준비하려면 시내로 나가야 하는 번거로움이 있다. 그래서 내일 비행기 타기 전에 면세점에서 사기로 했다. 다시 호텔로 돌아오는 길에 3유로 주고 에너지 음료를 사 마셨다.

호텔서 텔레비전을 보면서 잠시 쉬었다. 텔레비전에서는 유럽 컵대회에서 승리한 축구선수들의 퍼레이드 및 축하연이 방송되고 있었다. 뉴스를 시청하다 버거킹에 가서 점심 겸 저녁으로 간단히 요기하였다. 먹고 난 후에 카페에 들려 커피와 병맥주 마후를 시켰다. 1890년에 생긴 역사가 깊은 맥주다. 올리브 5알과 바게트에 고기를 얇게 썬 것이 먼저 나왔다. 아들은 에스페로스 커피에 얼음을 타 냉커피로 마신다. 먹고 있는 도중 자리를 옮기게 되어 자리를 양보했다. 다 마시고 계산하니 3.7유로가 나왔다.

주인장은 아들에게 '베리 나이스 맨' 이라며 자기가 한 잔 더 사겠다고 자리에 앉으라며 잔돈과 맥주 한 병 그리고 에스프레소 커피를 얼음과 함께 주었다. 자리 양보에 대한 고마움의 표시라고 한다. 우리도 감사의 인사를 하고 호텔 주변을 한바퀴 돌았다. 바라하스 공항 주변은 그저 평범한 시골 마을 같은 곳이다. 도시 주변은 별 볼 것 없는 조용하고 한적한 그런 곳이다.

아들은 호텔에서도 담배를 피워댔다. 핸드폰으로 이제껏 보지 못한 영화 〈고지전〉을 보았다. 핸드폰에 저장되어 있었지만, 끝까지 보지 못했던 영화다. 그걸 다 보았는데도 잠이 오질 않는다.

아침에 일어나니 7시 반이다. 내가 샤워를 마쳤고, 아들도 8시엔 모든 준비를 끝냈다. 아침을 호텔 레스토랑에서 과일과 요구르트, 빵, 사과로 먹었다. 호텔 차로 공항까지 왔다. 시간은 충분했다. 공항 로비에서 커피 한잔하고, 아들은 담배를 사겠다며 호텔 부근까지 지하철을 타고 갔다. 문제다. 그렇게 담배를 끊을 수 없으니…. 속에서는 열불이 난다. 은근히 하지 말라고 하면 더 열심히 하는 것 같다. 의지가 박약하여 제대로 하는 것이 없다. 열쇠고리를 5개 더 샀다. 비싸다. 하나에 4유로씩이나 한다. 딸에게 문자를 보냈다. 무얼 사다 주면 좋겠냐고…. 곧 답장이 왔다. 크리스티앙 디오르 화장품 중 입술 그리는 립스틱이 좋겠다고 했다. 아들이 담배를 사겠다며 15유로를 가져갔다.

공항에서 한참을 기다렸다. 출국 심사를 마치고, 비행기 타는 곳으로 가니 한국 사람들이 뜻밖에 많았다. 안내 방송도 우리말이다. 안심이다. 이젠 귀국이다.

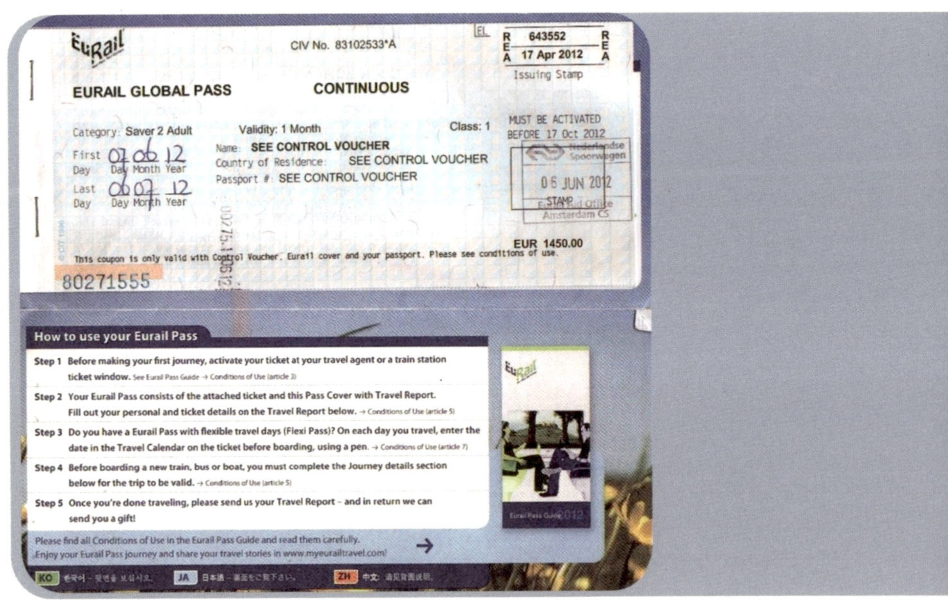

여행을 끝내며

29

저스트! 한 달. 길었다면 길고, 짧았다면 짧았던 그런 시간이었다. 네덜란드 암스테르담, 독일 베를린, 체코 프라하, 오스트리아 빈, 헝가리 부다페스트, 이탈리아의 베네치아, 피렌체, 밀라노, 프랑스의 니스, 칸, 몽펠리에, 스페인 바르셀로나, 그라나다, 세비야, 코르도바, 마드리드, 세고비아, 톨레도까지 돌아보면서 아들과 힘든 여정을 잘 마치게 되어 고맙다. 무엇보다도 아들이 아프지도 않고 아무 탈 없이 여행을 끝내게 됨을 하나님께 감사드린다.

한 달간의 여정 중에서 그래도 기억에 남는 것은 그림 같은 풍차 마을, 부다페스트 왕궁에서 바라보았던 도나우 강 변, 물의 도시 베네치아, 피렌체 두오모 정상에서 바라본 붉은 지붕들과 중세 풍경의 조용한 도시 시에나, 프랑스 모나코 공국의 지중해, 바르셀로나의 사그라 페밀리아 성당, 그라나다의 알함브라 궁전, 코르도바의 메스키타, 마드리드, 세고비아, 톨레도의 중세 도시의 풍경은 잊지 못할 여행지였다.

무엇보다도 아들과 먹고 마시며 함께 지내면서 아들에 대해 몰랐던 점을 발견하게 되어 좋았고, 이제는 나도 아들을 이해하게 되었다. 또한, 나에 대해서도 아들이 아버지를 바라보는 뜻을 알게 되었고, 나를 돌아보게 되는 계기가 되었던 여행이었다.

부자지간이란 떼어놓을 수 없는 관계이다. 아들과 아버지의 관계가 그다지 좋지 않아서 골머리 아파하는 가정이 너무도 많다. 부모 생각대로 크지 않는 자식을 바라보면 속도 상하고 때론 원수처럼 밉기도 하다. 부모 속을 뒤집어 놓는 자식이지만, 서로에 대한 애정의 표현이 지나쳐 나타나는 것이다.

솔직히 어떤 때는 내 자식이 아니었으면 할 때도 있었다. 그러나 미우나 고우나 나의 살붙이요 내 자식이다. 미운 짓도 사랑스러운 눈으로 바라보면 자식의 행동이 이해되는 것이다. 그래서 부모의 잘못된 생각에서 갈등은 비롯된다는 걸 알았다.

서로 이해 안되는 데서 속은 상할 때로 상한다. 아들을 이해할 때 아들이 보이는 것이다. 이젠 내 살붙이의 고민과 생각을 받아들이고 이해 할 수 있다. 한 달간 외국의 낯선 곳에서 함께 먹고 자고 붙어 생활한 것이 아들에게 가까이 갈 수 있는 계기가 되었고, 아들을 이해하게 되었다.

좌충우돌 티격태격 떠난 이번 여행으로 잃어버릴 뻔한 아들을 찾는 좋은 기회가 되었다. 자식이 속썩이고 힘들게 할 땐 같이 여행을 떠나보라. 그러면 아들이 보인다.

흔쾌히 이번 여행을 허락한 아내의 맘 씀씀이가 고맙다. 그리고 아들과 딸에게도 사랑하는 마음을 전한다. 특히, 아들을 통해 나를 돌아보고 아들 덕에 쉽게 길을 찾았다.

아들아! 부탁한다. 제발 담배 좀 끊어라. 너의 건강을 위해서 부탁하는 것이다. 아무리 돈이 많아도 건강을 잃으면 모든 것을 잃는 것이다. 미우나 고우나 너는 내 자식, 사랑한다, 아들아!

기본정보 네덜란드 Netherlands

위치 유럽북서부
수도 암스테르담
언어 네덜란드어
인구 16,715,999명 (2010), 59위 전체순위
면적 41,543㎢, 132위 전체순위
기후 서안해양성기후

종교 로마가톨릭 31%, 네덜란드 개혁교회 13%, 이슬람교
종족 네덜란드인 87%
정체 입헌군주제 | 의회형태 양원제
국가원수 국왕 | 정부수반 총리
나라꽃 튤립 Tulip (Tulipa)
도메인 NL
홈페이지 www.government.nl

기본정보  프랑스 France

위치 서부 유럽
수도 파리
언어 프랑스어
인구 64,420,073명 (2010), 21위 전체순위
면적 643,427㎢, 42위 전체순위
기후 대륙성기후, 지중해성기후, 해양성기후

종교 로마가톨릭 83%, 개신교 2%, 이슬람교
종족 골족
정체 공화제 | 의회형태 양원제
국가원수 대통령 | 정부수반 총리
나라꽃 아이리스 Iris (Iris)
도메인 FR
홈페이지 www.service-public.frlangueenglish

기본정보  벨기에 Belgium

위치 유럽북서부
수도 브뤼셀
언어 네덜란드어, 프랑스어
인구 10,414,336명 (2010), 78위 전체순위
면적 30,528㎢, 138위 전체순위
기후 해양성기후

종교 로마가톨릭 75%, 개신교 25%
종족 플라망족 58%, 왈론족 31%
정체 입헌군주제 | 의회형태 양원제
국가원수 국왕 | 정부수반 총리
나라꽃 아잘레아 Azalea (Rhododendron..
도메인 BE
홈페이지 www.belgium.be

기본정보  독일 Germany

위치 유럽중부
수도 베를린
언어 독일어
인구 82,329,758명 (2010), 15위 전체순위
면적 357,022㎢, 62위 전체순위
기후 대륙성기후, 해양성기후

기후 대륙성기후, 해양성기후
종교 로마가톨릭 34%, 개신교 34%, 이슬람교
종족 게르만족 92%, 터키인 2%, 기타
정체 연방공화제 | 의회형태 다당제&양원제
국가원수 대통령 | 정부수반 총리
나라꽃 수레국화 Knapweed (Centaurea ..
도메인 DE
홈페이지 www.deutschland.de

기본정보  체코 Czech Republic

위치 유럽중부
수도 프라하
화폐 체코 코루나(CZK)
언어 체코어
인구 10,211,904명 (2010), 80위 전체순위
면적 78,867㎢, 115위 전체순위
기후 서안해양성기후

종교 로마가톨릭 27%, 개신교 2%
종족 체코인 90%, 모라비아인 4%, 슬로바키아인
정체 중앙집권공화제 | 의회형태 다당제&양원제
국가원수 대통령 | 정부수반 총리
나라꽃 티리아 Tilia europaea
도메인 CZ
홈페이지 www.vlada.cz

※ 출처 : http://www.daum.net

기본정보 오스트리아 Austna

위치 유럽중부

수도 빈

언어 독일어

인구 8,210,281명 (2010), 92위 전체순위

면적 83,871㎢, 113위 전체순위

기후 대륙성기후, 해양성기후

종교 로마가톨릭 74%, 개신교 5%, 이슬람교

종족 오스트리아인 91%, 유고슬라비아인 4%, 터키인

정체 연방제 의회형태 양원제

국가원수 대통령 정부수반 총리

나라꽃 에델바이스 Edelweiss (Leontopod..

도메인 AT

홈페이지 www.austria.gv.at

기본정보 헝가리 Hungary

위치 유럽중동부

수도 부다페스트

언어 헝가리어

인구 9,905,596명 (2010), 82위 전체순위

면적 93,028㎢, 109위 전체순위

기후 대륙성기후

종교 로마가톨릭 52%, 칼뱅주의 16%, 루터교

종족 마자르족 92%, 슬로바키아인, 독일인

정체 중앙집권공화제 의회형태 다당제&단원제

국가원수 대통령 정부수반 총리

나라꽃 튤립 Tulip (Tulipa)

도메인 HU

홈페이지 www.kormany.huen

기본정보 이탈리아 Italy

위치 유럽남부, 지중해연안 이탈리아반도

수도 로마

언어 이탈리아어

인구 58,126,212명 (2010), 23위 전체순위

면적 301,340㎢, 71위 전체순위

기후 지중해성기후

종교 로마가톨릭 90%

종족 이탈리아인

정체 공화제 의회형태 양원제

국가원수 대통령 정부수반 총리

나라꽃 데이지 Daisy (Bellis perenn..

도메인 IT

홈페이지 www.palazzochigi.it

기본정보  모나코 Monaco

위치 남부 유럽

수도 모나코

언어 프랑스어

인구 32,965명 (2010), 193위 전체순위

면적 2㎢, 197위 전체순위

기후 지중해성기후

종교 로마가톨릭 90%

종족 프랑스인 47%, 모네가스크인 16%, 이탈리아인

정체 입헌군주제

나라꽃 카네이션 Carnetion (Diathus c..

도메인 MC

홈페이지 www.gouv.mc

기본정보  스페인 Spain

위치 유럽남부 이베리아반도

수도 마드리드

언어 에스파냐어

인구 40,525,002명 (2010), 32위 전체순위

면적 505,370㎢, 51위 전체순위

기후 지중해성기후

종교 로마가톨릭 94%

종족 갈리시아족, 바스크족, 카스티야족

정체 입헌군주제 의회형태 양원제

국가원수 국왕 정부수반 총리

나라꽃 오렌지꽃, 석류(준국화) Citrus sinensis f. n..

도메인 ES

홈페이지 www.la-moncloa.es

※ 출처 : http://www.daum.net